おばさんの海外旅行『あるある!?』エピソード集

ハプニングこそ醍醐味

芹沢マリリン
Serizawa Marilyn

風詠社

中高年で海外旅行が趣味という人はたくさんいるだろうが、私のような経験をした人はそんなにいないはずだ。普通のおばさんが普通の旅行をしているのに、なんでこんなことが…、と自分でもびっくり仰天だからである。それでも行く！　私は海外旅行大好き人間！

目次

おばさんの海外旅行　『あるある!?』エピソード集

～ハプニングこそ醍醐味～

エピソード1　湖に落ちちゃった！

それは中国、蘇州《そしゅう》旅行でのこと。

石で有名な太湖という湖の中の小島に遊覧船で（といっても10人乗りくらいの小船だが、でも、エンジン付きの普通の漁船くらいの大きさはあったかな）出かけようとしたとき、まさかのまさか、落ちた、湖へ。どこから？　船から。

時は12月末、蘇州が中国の南部で、どれほど暖かいところにあるといっても、当時の私の服装は、革のコート、手袋、マフラー、セーター、ブーツ、たすき掛けフェンディのバッグ（これが後で言うが、すごいラッキーアイテムだった！）という全くの冬の出で立ち。天気は晴れていたが、もちろんまぁまぁ寒風も吹いていたのだ。

その船に乗り込む際、私の前にはコーディネーター、後ろには夫、私はきれいな湖の景色をチラチラ見つつ、船にブーツ（ヒールは5センチ程度の履き慣れたもの）で意気揚々と乗り込もうとした。すると、いきなり揺れたのだ、その船が。理由はわからないが、タイミングが悪かったのか、私の足を乗せた場所が舳先《へさき》に近すぎたのか、船頭さんが船を固定するのが十分じゃなかったのか、はたまたそれら全部なのか、あっという間に私はバランスを崩し、天と地が反対に。「あれれ？」と割合冷静に頭は動いていたように思う。

こんな時はなぜかスローモーションになって見えるものである。はじめは尻餅をついて船の縁を掴んだようにも思うのだけれど（気のせいかも）、次の瞬間には「まさか？ ほんまに？」というつぶやき（心の中でかな）とともに頭から水の中へ。ザップーン！という水音を聞いたような気もする。それこそ絵に描《か》いたように全身が水の中へ。私はコンタクトレンズ着装なので、こんなとき絶対に目を開《あ》けてはいけないと知っていた。表面張力でコンタクトレンズが目から吸い出されてしまう（レンズがないと、旅行中何も見えなくて楽しくない）、などと冷静なことも考えていたように思うのが不思議。

ところが見えたのだ、水面が。何メートルか沈んだ私は水面を仰《あお》ぎ見て、（いいお天気の日だったので）キラキラと光る水面、それを透かして見える青い空と白い雲まで、記憶に残っている。…ように思う。たぶん…。

「やっちまった！」その瞬間、なぜか「旅行はもう終わりだ」とはこれっぽっちも思わなかった。「服が濡《ぬ》れちまったじゃないか」は思った。もちろん、命の危険なんて（少しはあったと思うが、その危険も）全く頭になかったのだ。「とにかく船まで泳ごう！」とまぁまぁ自信があった平泳ぎで十掻《か》き、船の近くまで泳ぎ着いたのである（水泳はやっといたほうがいい、

太湖（事故現場）

冬の服装でも平泳ぎならできるから）。見えたのは、目をまん丸にして驚いているコーディネーターと、心配そうな顔をした夫、船頭さんと船員さんは興奮しまくりで何かまくし立てていた（もちろん中国語で、たぶん自分のせいじゃないとか…だったら早く浮き輪でも投げろ！）。

アドレナリンって本当にすごいねぇ。この冷静さ。大変な状況のとき、アドレナリンが人間の命を救うのは本当だった。人間の身体って上手《うま》いこと出来てますねぇ。感動！私は身をもって経験したのだ。泳ぎながら「アドレナリンってすごいなぁ（何度も言うけど）」って、心の中で思ってたのだから。

船の上に引き上げられたときの私の第一声、それはあまりに冷静だった自分を少しはかわいそうに思ってもらうための「寒い！」（意図的だった。全くそのときは寒くなんてなかったから）。第二声は、「ケータイ、生きてる?!」だった。まだ、このときはピンクのガラケー。娘と連絡が取れなくなる！　友達の電話番号が消えてしまう！　せっかく撮った写真が消える！　メカに弱い私が、やはり命の次はケータイだったのかと、今から考えると時代だねぇ。

そこで出てくるのが、前述のたすき掛けのバッグの件である。もしもたすき掛けじゃなかったら、私のバッグは中国の湖の藻屑《もくず》となっていたことだろう。中には、財布（これには大して入ってなかった。私は両替が苦手なので、買い物は全て夫が現地のお金で払い、私の財布には関空で使う数万円が入っているのみ。このときにはもう免税店で娘に頼まれた化粧品を買った後だから、２万円くらいかな）、化粧ポーチ、のどスプレー、鏡、ポケットティッシュ、ハンカチ、そしてケータイが入っていた。だから何よりもケータイの無事を確認したがった心境は、きっと誰もが理解してくれることだろう。ましてや海外なのだから。

もしも、手提げバッグだったら。口が大きく開いているトートバッグだったら…さすがの私も考えたら怖《こわ》くなる。びしょ濡れだったけれどバッグの中身は全て無事！　そして何よりも心配したケータイも、夫がすぐに確認し生きていることが確認されたのである。あーっ、よかった！　機能がたくさんあるデリケートなスマホだったら水没でアウトだったかも。

九死に一生（でもないけど）を得た話は実はここからが本題、私の言いたいことは単なる失敗談ではないのだ。

さて、水の冷たさもアドレナリン効果で感じることなく生還した私は、頭の先まで太湖の恩恵を受け、ずぶ濡れ。何とかせねば…と思い立ったのだが、そこはそれアドレナリン効果、こんなことも考えていた。「あぁ、夫が私を助けるために飛び込まなくてよかった！」と。なぜなら、夫婦2人ともずぶ濡れでは、次の行動が起こせないじゃないか？　おばさんである私は、だから私を助けるために夫にも飛び込んできてほしいとは、1ミリたりとも思わなかったのである（くれぐれも言っておくが、負け惜しみではな～い）。

びっくり仰天《ぎょうてん》のコーディネーターが女性でよかった。それも、私とそれほど年齢の変わらないおばさんでよかった。彼女は同じくおじさんである運転手とともに夫と往復2時間以上かかる街まで、私の身体に着せるものを一式、それこそ下着から靴までコーディネートしに行ってくれたのである。

買ってきてくれたもの、それはショーツ（何色か忘れた、全く印象に残っていない）、紫のパットの厚いブラジャー（娘が1回ぐらい使ってくれたかも）、明るいオレンジ色のシャツとスパッツ（この色ではもちろん1回限り）、黒のセーター（その後3回ほど着たかな、身体にフィットするまぁまぁの着心地）、黒い裏起毛のスリムパンツ（これがすごかった。中国人の女性がよく穿いているのを見たが、実に穿き心地が良く暖かい。中国の底力を見た思いがした一品。日本に帰ってからも何度も着用！　中国の女性が寒がらないのはこれを穿いているからなのか！）。

何しろ全身なんだから、まだまだ。あとは靴下と灰色のスニーカー（運動靴として娘が履いてくれた）、そして白いロングのダウンコート。これがとてもかわいい。でも、とてもスレンダー、Lサイズなのに本当にスレンダー。Mサイズの私が、大して大きくないバストサイズの私が、確かに少し中年太りしたかもしれないがLサイズなんて着たことのない私が、なぜか前のファスナーがどうしても閉まらない！　なんてスリムなLサイズ！　でも日本に帰ってからも10回は着た。だってかわいいし暖かいのだ！　中国の女性は細すぎやろ。それにしても海外旅行保険に入っていた私。これらは保険で出ないのか？　今さらだけど、蛇足なり。

よく短時間でこれだけ揃えたもんだと思ったが、さて、その頃ずぶ濡れの私はどうしていたのか。実はここで、目からコンタクトレンズ（もちろん目からうろこの私バージョン）の事件があったのだ！　私は彼らが戻ってくるまでの2時間あまり、チケット売り場の女性に案内され、従業員の休憩室で、言葉も通じない（英語も全く通じなかった。私の英語も拙《つたな》いからだが）中国人の中でたった1人、寒さに震えるしかなかったのである。そのずぶ濡れの日本人のおばさんがきっとかわいそうになったのだろう。チケット売り場の女性（おそらく30代の半ば）の国籍を超えた優しさに本当に救われ、癒やされ、感謝し、感動することとなったのである。

彼女は、寒さに震える私に温かいお茶を入れてくれ、タオルを持って来てくれ、それでも震える私に「自分の家はすぐ近くだから、バイクで帰って暖かい服を持って来てあげる。新しい服が届くまでそれを着てたらいい」…たぶんそんなことを言ってくれたのだと思う（なぜ、その中国語の意味がわかったのか未だに不明である。人間必死なときには言語力がアップするのか、それとも心と心が言語を超えたところで理解し合えたのか）。

瞬《また》く間に彼女はバイクで走り去り、10分後には、スパッツとスウェット上下を持って来て、濡れた服を脱いでこれに着替えろと言う。躊躇《ちゅうちょ》していると、遠慮するな（たぶん）と言う。私はありがたく着させていただくことにした。もう寒さには慣れていたが、彼女の優しい思いが心にしみて、その温かさに包まれていたいと思ったのである。初対面の見知らぬ外国人の前で素裸《すっぱだか》になり、私は彼女の温かい無償の行為に包まれて寒さを忘れることができた。

その後、夫が買ってきた新しい服に着替え、借りた服をどうやって返したらいいかと戸惑う私に「ＯＫ、ＯＫ」と繰り返し、私が脱いだスパッツとスウェットを自分の布袋に押し込み、新しい服を買ったために出た箱やナイロン袋などのゴミも「ＯＫ、ＯＫ」とさっさと片付けてしまった。そして、もう一度船に乗って旅をやり直せと言う。楽しんでこいと私を送り出してくれたのだ。もう船はキャンセルしてもよかったのだが、彼女の思いに応えたくて、私たちは2時間押しで本来の訪問地へと出かけたのである。湖の中の小島も楽しかったが、一歩間違えば最悪の場所になるはずの場所が、私にとって一生忘れられない素晴らしい地になったのは、ひとえに彼女のおかげである。

小島でのひととき（2人乗りサイクリングは本当に楽しかった）を終え、港に着いたとき、もしかしたらという思いで、私はチケット売り場の彼女のいた窓を振り返ってみた。いた！名前も知らない彼女が「楽しい時間を過ごせてよかったね！」と言わんばかりに私のほうに手を振って、ニッコリ笑ってくれたのである。彼女との距離は50メートル以上あったし、再度言葉を交《か》わすこともなかったが、私のことを気にかけていてくれたことは確かだ。遠く日本からやって来て思わぬハプニングで心細い思いをしたであろう私を、何とか励まそうと力を尽くしてくれた彼女のことを、私は忘れることができない。はたして、私が彼女だったら、彼女と同じことができただろうか。見知らぬずぶ濡れの外国人に自分の服を貸せただろうか。小島で数時間を過ごしている間、その人のことを心に懸《か》けたままいられるだろうか。私には自信がない。

その頃から、日本と中国との関係はあまり良くなく、日本人の観光客は激減したとコーディネーターが言っていた。日本では莫大《ばくだい》に増え続ける中国人の観光客を、マスコミはあまり良いようには伝えていなかった。政治の面でも決して良い状態ではなかった。だが、個人的にはどうだろう。彼女だけでなく、旅行中、中国人の人たちは日本からの観光客の私たちにとても親切だった。このことから、個人と国家を同様に捉《とら》えてはいけないが、少なくとも先入観や固定観念で全てを画一的《かくいってき》に決めつけるような狭いものの見方をしてはならないと、私は改めて思ったのである（私が有名人になったら、会いたい人に巡り会う番組とかで、彼女に再会できるかな）。

エピソード2　スープの中に落ちちゃった！

海外旅行での水難の相は、蘇州のときよりもっと前に、中華人民共和国の首都北京にそのプロローグがあった。

北京での2日目の夜、定番の中華料理、北京ダックとフカヒレスープに舌鼓《したつづみ》を打っているときだった。「あぁ、これが北京ダックね、アヒルの皮ね」と当たり前のことを心の中でつぶやきながら、想像よりずっと深い旨味《うまみ》に（いや寧《むし》ろ、本場でかの有名な料理を頂いているという満足感に）うっとりし、次のメニュー、フカヒレスープにかかったときだった。透明なフカヒレと琥珀《こはく》色のスープという、インスタ映えもしない（その頃も今もアップしたことはないが）スープをなぜか調子に乗ってデジカメで撮ろうとした。

その一瞬後だった。カップの真上からデジカメを構えた私の手から、北京ダックの油が残った私の手から、つるりと滑ったデジカメがカップめがけて静かに飲み込まれていったのである。すうっとスローモーションで。音もしなかった。なぜか一瞬、夫と顔を見合わせた気がする。「あっちゃぁー」という夫の声なき声が聞こえた気がする。私のほうは声もなく、熱々のスープからデジカメを救出！　かろうじて夫の機転ですぐにSDカードを取り出し、それまでに撮った写真は消えずに助けることができた。しかし、熱湯の、それも濃厚なスープの中に落とされたデジカメは、とうとう仮死状態となってしまったのである（いや、本当は熱湯による即死）。

「やっちまった！」私たち夫婦は海外旅行での写真が大好き。毎回300枚を超える写真をアルバムに入れ、額にも入れて何度も反芻《はんすう》して楽しむのが通例。写真が撮れないなんてありえない！　唖然《あぜん》とする夫を前にして私は涙目《なみだめ》。ごめんなさいと謝る私に、夫は静かにこう言った。

「デパート行ってデジカメ買おう」

それからの食事は、メニューも味も全く覚えていない。

海外旅行とは思えないほど暗い表情の2人は、明日からの写真を撮るためホテルから近いデパートを探して、カメラ売り場に直行したのであった。今と違ってその頃のデパートは、たとえ首都北京といっても品揃《ぞろ》えが十分でなく、「ジョーシン」や「ヤマダ電機」「ヨドバシカメラ」などをイメージしていた私は頭が真っ白、顔は真っ青。私の仮死状態のキヤノンのように性能が良く気に入るデジカメがあるはずもなく、ましてや店員さんと言葉も通じない。そして、もちろん日本より高い！　２倍はする。でも、背に腹は代えられぬ。必要なのだ、性能が悪くても、高くてもデジカメが！

そのときの中国人の店員さんの気の毒そうな顔。「あぁ、この日本人はデジカメをなくしたか、すられたか、壊したかで、しかたなく買いに来たのね。日本では半額で性能の良いものを買えるのに、わざわざ中国で買うはめになったのね。おそらく奥さんのほうがうろたえてるから、奥さんの不注意ね。明日からの旅行が上手くいくかしら」ぐらいのことを想像したに違いない。それでも一生懸命英語で説明してくれた。リスニングもだめな私たちのために、保証書（まず使うことはないが）の説明まで、優しく丁寧にしてくれたのである。そして、去り際には「Have a nice trip!」のひと言と笑顔を添えて、バイバイと手まで振ってくれたのである。暗く沈んだ私たちの心がホンワリ温かくなったのは言うまでもない（その後、仮死状態のデジカメはとうとうお釈迦《しゃか》になったが、海外旅行保険でデジカメ代金が保証されたときには喜び倍増であった）。それ以降、海外旅行には中国語の書いてある私のデジカメと、夫の新しいデジカメと２台持って行くことになったのであった（ちなみにそのとき買った中国のデジカメは、現在も愛用中）。

このエピソードは水難のあくまでもプロローグで、本編（エピソード１）はそれから２年後のことだった（本編はこれで終わりだろうか…。あれから船を見ると落ちる気しかしない…）。

エピソード3　万里の長城はなまじのアトラクションより怖い！

世界遺産「万里の長城」を知らない人はいないだろう。しかし、あれがどんなに恐ろしいものなのかは、知らない人もいるはずである。

これも北京旅行の思い出。プロローグは八達嶺《はったつれい》（最も有名な万里の長城の観光地）を遠目に見たときに既にあったのである。私は中年になってから、なぜか極端な高所恐怖症になった。端的《たんてき》に言えば、中年になってから想像力がいや増しになったのだ。高いところに上ると、もうそこから落ちる自分が頭の中に鮮明に浮かんでしまう。落ちるときに見るという過去の記憶の走馬燈《そうまとう》バージョンが、もう像を結んでしまうのである。

そこで見た光景、それは「あれっ？　おかしくない？　ここからあんなふうに見えるなんて…」としか言いようのないものだった。ずっと遠くに遠景として見えているのに、斜度がおかしい。斜めすぎる。あれではまるでスキーゲレンデの上級コースじゃないか！　30度以上の斜度じゃないか！　と思ってコーディネーターに質問しようと思ったのだが、なぜかそんなことが問題だと全く捉えていない夫と万里の長城の歴史など語り合っているではないか…。

一瞬、自分のスキー技術を顧《かえり》みず、勢いで上級コースへの高速リフトに乗り込んでしまい、着いた頂上で「なんて馬鹿なことをしたんだ！」と自己嫌悪に陥る気持ちと同じ感覚がよぎる。ナガシマスパーランドのジェットコースター「スチールドラゴン」にノリで並んでしまい、カタカタカタカタと頂上へのやたら長いアプローチを上るとき、「なんでこんなところにいるんだ！」と絶望に陥る気持ちにも通じている。また、姫路セントラルパークの東洋一高い（当時）観覧車に乗ってしまい、一周23分の地獄を観覧車の床だけを見つめて耐えている、あの感覚と同じだ。なぜなら、どちらも決して後戻りできないからである。

しかし、そのときはまだ良かった。万里の長城の上を歩ける場所までロープウェイで上り、暗い通路からさっと景色が開けたとき、例の「やっちまった！」を、またもやつぶやかざるをえなかったのである。目の前には世界遺産「万里の長城」がそびえ立っている。道ではないのだ。そびえ立っているのである。すごい斜度。まさしく上級コース。万里の長城がこんなに高くて斜めで、切り立った崖《がけ》のようなものだなんて、教科書には書いてなかった！　もしも落ちたら真っ逆さま。バランスを崩せばズルズルズルと、もしくはゴロゴロゴロと下まで滑り落ちてしまう。なのに、高所恐怖症じゃない夫やその他の観光客は、笑いながらすいすいと登っていくのだ。ありえない！

　私は壁にしがみつき、一定間隔で壁が低くなると「なんでやねん！」と必死の突っ込みを入れながら、へっぴり腰でそれでも一番上まで登ったのである。確かにいる。私と同じ高所恐怖症の人が「おまえもか。ご愁傷様《しゅうしょうさま》」と、同類を見る目で私に合図を送ってくる（ように見える）。また、そういう人が必死の私にはむちゃくちゃ邪魔なのである。早くどいて！逆に脳天気なやつは写真など撮り合っている。私はといえば、素晴らしい景色には目もくれず、汗を拭いた拍子に地面に落としてしまった片方のピアスを取り上げることもできず（今も私のゴールドのピアスの片方が万里の長城に眠っている）、ある意味、世界遺産を充分に堪能《たんのう》したのであった。

　あまりに暑いので「ガリガリ君」に似たアイスキャンディーを買って食べたのだが、後からコーディネー

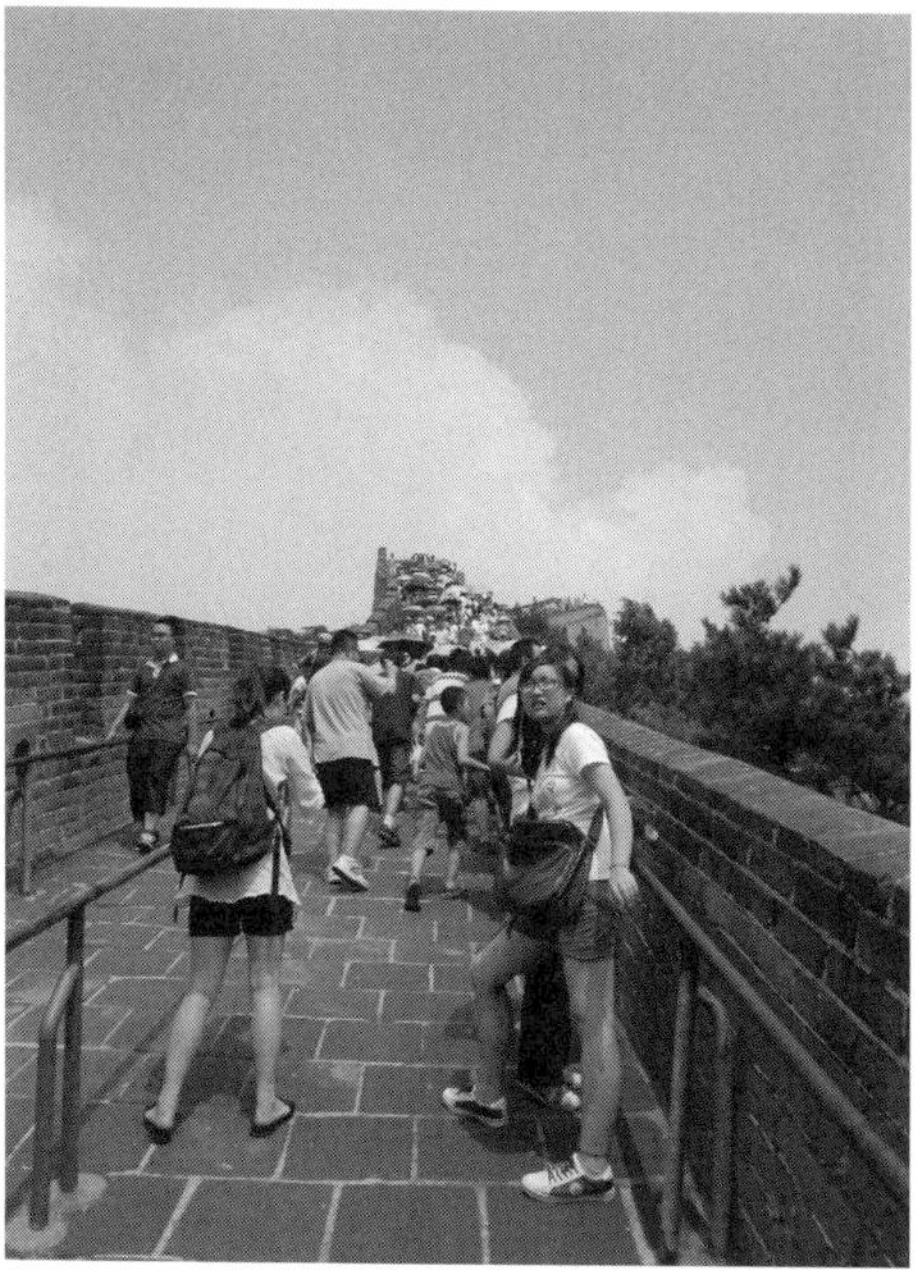
万里の長城

ターに「何が入っているのか、炎天下でも数時間溶けないアイス」だと聞いた。先に言ってくれ！

それにしても中国4千年の歴史はすごい！ あんなすごいものを宇宙から見えるほど長く（万里の長城は宇宙から肉眼で見える唯一の人工建造物）、どうやって造ったんだろう。どうやって造らせたんだろう。建築技術という意味ではなく、巨大な中国の巨大なパワーを感じた世界遺産であった。きっと工事中、人足たちが何人も、いや何十人も、いや何百人も、いやそれ以上、事故で死んだはずである。その遺体の一部は万里の長城の煉瓦の中に塗り込められたともいう（もちろん供養の意味で）。だとすれば、万里の長城は、世界最大の墓石《ぼせき》と言えなくもない。宇宙から肉眼で見える長大なる墓石。清の時代まで改築や延長が行われていたということだから、何世代にもわたる人間の歴史も、その下に埋め込まれているのである。

単なる物見櫓《ものみやぐら》ではなく、あくまでも軍事的なグレイトフェンスであった万里の長城を、へっぴり腰で歩き回ってごめん！ ピースサインで写真撮ってごめん！ 中国の壮大な歴史と人間の力を感じた長城の旅であった（だから私は中国歴史ドラマが大好き！「武則天」最高！）。

エピソード4　死ぬか、殺すか、最高に恐ろしいタクシー！

今までタクシーと言えば家族が口を揃えてその恐怖を思い出す、中国杭州《ハンチョウ》の女性ドライバー！　あのときの恐怖は今でも語りぐさなのだ。あぁ、それにしてもよく生きて帰ってきたもんだ。海外旅行での明確な命の危険は、飛行機でも、湖に落ちた船でも、台湾新幹線でも、高速道路を飛ばすコーディネーターの車でもなく、絶対にそのときに感じたものだ。

まず杭州まで行く日本人は少ない。「こうしゅう」と日本人は読むが、きっと「食は広州にあり」のほうのこうしゅうをイメージするだろう。何年か後に広州にも行ったが、ひたすら飲茶ばっかりしていたように思う。それに比べたら、「杭州」のほうのこうしゅうの印象は濃い。そのときは娘も同行したのだが、旅行の全日程の中で日本人に会ったのは西湖《せいこ》の近くの有名なレストランでたった1組だけ。あの熟年夫婦もかなりの中国通かもしれない。

テレビで見た有名な映画監督チャン・イーモウ監修の「印象西湖」という湖の中で行われるショーに興味があって出かけたのである。チャン・イーモウと言えば、北京オリンピックの開会式セレモニーのクリエーターにもなった中国有数の映画監督である。『紅いコーリャン』という渋い中国映画は感動的だった。映像があまりに美しいのである。その監督がなんと湖の上をステージにする壮大なる恋物語の監修をしたというのだから、「一見の価値あり！」と、杭州くんだりまで出かけたわけである。季節は真冬。確か、関空でグランドスタッフにサンタさんの形のお菓子をプレゼントされたからクリスマスイブ、12月24日出発だった。真冬の湖の上、寒くないのか？　水は冷たくないのか？　そんなことにも興味津々だった。

さて、タクシーの話に戻そう。

世界遺産の西湖の美しい風景を堪能した後、杭州一番の繁華街に繰り出そうということになった私たち。湖の畔のホテルから繁華街までは車で30分ほど。他の交通機関もないので迷わずタクシーをホテルマンに呼んでもらうことにしたのだった。そのとき私は見逃さなかった。ホテルマンの目が泳いだのを。「？」と思いながら待っていると、1台の古そうなタクシーが、すごい勢いでホテルの入り口に滑り込んできたのだった。

40代くらいの女性ドライバー。「良かった。男性より安心」家族が皆、そのときはそう思って疑わなかった。それまでの海外旅行で何度もタクシーを使ったが、一度もぼられたことがないし（たぶん）危ない思いをしたことも、料金上のトラブルもなかった。それに安い！　日本の三分の一より安いときもあるのだ。もちろん日本のタクシーのようにきれいでもないしサービスも良くはないが、嫌な思いをしたことはなかった。怖そうなおじさんでも、言葉の通じない見るからに気も身体も弱そうな中年の外国人にとても親切で、そしてとても安かった。降りるときには、思わず満面の笑みでバイバイと手を振ったものだった。照れたようにはにかんで手を振り返してくれるドライバーは皆いい人たちだった。

　今から思うとその人も決して悪い人ではなかったと思う。ただ、安い運賃ゆえに回数を稼ぎたかったのだろうか、はたまた家で幼い子供たちが待っていて早く仕事を終わらせたかったのだろうか、とにかくものすごいスピードだったのである（言い換えれば、運転が上手かったとも言える。今だから言えることだが…）。湖に沿った広めの観光道路、バイパスなのか自動車専用道路、住宅街を抜ける狭い生活道路まで、時速60キロを下ることがなかったのだ。ブレーキが壊れているのかと思った。本気《まじ》で。

　出発して5分、隣に座った娘と顔を見合わせて静かにシートベルトを締めた。助手席に乗った夫の背中をツンツンし、シートベルトをするよう目配せをした（当時はまだ中国ではシートベルトに厳しくなかった）。それから30分間、自爆して死ぬか、衝突して死ぬか、誰かを轢いて殺すか、生きるか死ぬか殺すかの恐怖を体験したのである。

　声も出なかった。娘とぴったり寄り添って、片方の手はドアの上のほうのレバーをギュウッと握り、文字通り手に汗をかいて、右に揺れ、左に揺れ、心臓は早鐘《はやがね》のように打ち、タクシーが何度も人を紙一重《かみひとえ》で避けるたび、目をつぶった。交差点で間一髪《かんいっぱつ》で右折を決める俊敏さ、ほんの数メートル空いていたら車線を変える絶妙すぎるハンドルさばき、何よりもどんな道でもスピードを落とさないその度胸（度胸と言っていいのか）、なんて怖い運転、なんてすごい運転！こんなの初めて！（未《いま》だにそれ以上のタクシーの恐怖体験はない）。

万里の長城のときも言ったが、私は想像力がかなりあるほう。娘は更に半端ない想像力の持ち主である。彼女が何を想像したか、想像に難くない。心臓が口から出てきそうな時間を過ごし、ようやく無事に目的地に着いたとき、足がガクガクでしっかり立てなかったのを覚えている。生きててよかった！死なくてよかった！誰も殺さなくてよかった！涙目で見つめ合う家族3人の姿があった。このドライバー、『スピード』とかいう映画に出られるんじゃないか、無口だったのでスタントマンにでも…と勝手な想像をしながら、ホッとため息をついてやっと見上げた杭州の夕焼け空、それがまたすごかった。空いっぱいの鱗雲《うろこぐも》。思わずシャッターを切ったのだった（まだ手が震えていたような）。大陸特有のでっかい空一面に日本とは違う大迫力の鱗雲が、私たちをミステリアスな繁華街に誘《いざな》ったのであった。

やっと心臓バクバクから解放され、その繁華街に踏み入れた私たちは、見たこともない異様な風景にまた驚かされるのである。時代は清？それとも明、いやもっと前？道の両側の風景が現代と違う。観光地によくある昔の建物を残したノスタルジックな街とは一線を画《かく》するその風景。寧ろそれは、『千と千尋の神隠し』の世界。その原画のような街並みが延々続いていたのである。

『千と千尋の神隠し』は宮崎駿アニメの中で二番目に好きだが（一番は第1作の『風の谷のナウシカ』。あの王蟲《オーム》や腐海《ふかい》の設定は秀逸《しゅういつ》！）、その中の釜爺《かまじい》のいる薬草の戸棚がいっぱい並んだ場面、その本物を見た思いである。漢方の薬局なのだが、巨大な釜爺が出てくるかもと思った。大きさはアニメの10倍ほどの数限りない漢方の薬の棚。そこから白衣を着た（このあたりは薬局風）薬剤師さんが数名、客の要望に応じて長い棒を使って器用にその棚から薬を取り出すのだ（まさしく釜爺の6本の長い足を彷彿《ほうふつ》とさせる）。映画を見た人は全員そのイメージを持つだろう。

薄暗く、喉にしみるほどの、漢方薬の匂いの充満するその荘厳とも言えるしつらえにシャッターを切る手が止まらない。ようやく「痩身薬」と紙に書いて（合っているかどうかわからないが、通じたみたいだった）調合してもらった。日本に帰って1週間くらいは煎じて飲んでみたが、埃《ほこり》臭さと土っぽさにギブアップしてしまった。なので効能は証明されず。娘は気に入ったみたいだったが。

その後も、いったい何を言いたいのかわからない奇妙な絵や彫刻、得体の知れない仏像のようなものが並んだ店に迷い込み、超ミステリアスなものを嫌と言うほど見聞することになったのである。理解しようと頭を使い（ほとんど理解不能）、疲れ果ててレストランにたどり着くと、当然のように外国人は私たちのみ。客は全員私たちのほうを身体を回して普通にがん見！関係ない従業員までが入れ替わり立ち替わり周りをうろうろして落ち着かないことこの上なし！しかし料理は美味かった！美味《うま》かったことだけ覚えている。杭州の名物らしい東坡肉《トンポウロウ》以外は何を食べたか忘れたけれど。

杭州旅行最終日、夜6時を過ぎていよいよ「印象西湖」を観覧に。

寒風吹きすさぶ中、気温は3度か2度か。でも、さすがに美しかった。大がかりな舞台装置も一見の価値あり！切ない恋物語も台詞《せりふ》が無いからよく理解できた。それにしても百人近い大勢の役者さんたちが、湖の水の上（透明の巨大な台座があるのだろう）で水しぶきを上げながら、かぶりながら、寧ろかけ合いながら、演技するのは寒くないのだろうか。これは過酷すぎる労働ではないのか。ブラック企業ではないのか。冬の部に出る人は特別ボーナスが出るのか。衣装の下にはウエットスーツを着ているのか。それは発熱する素材なのか。ヒートテックは重ね着しているのか。女性は特に冷えは大丈夫なのか。生理休暇はあるのか。妊娠中はダメだろうな…そんなことばかりが頭をよぎってしまうのであった。

娘は、観覧チケットが日本円で7千円ほどするまぁまぁ高額なアトラクションなのに、隣で演劇も見ずにゲームばかりしている小学生が気になってしかたなかったらしい。上海から来たというその子の親とか家族は、ゲームの音を出す子供に注意することもなく喋《しゃべ》りまくっていたからさもありなん。

エピソード5　海外で生煮えの貝は御法度《ごはっと》！

何を食べても大丈夫だった、そのときまでは。

パクチーと八角の匂いさえ我慢すれば、大概《たいがい》のものは食べることができた。海外旅行での食事は大きな存在である。事前に『るるぶ』や『ことりっぷ』や『地球の歩き方』でしっかりリサーチして出かける。あれも食べたい、これも食べたい、旅行の楽しみの30％は「食」である。20％はお土産とかのショッピング、25％は「世界遺産」、残りの25％は「非日常に身を置くこと」。最も大きな「食」が満たされると、その旅行はまずまず及第点《きゅうだいてん》となる（あくまでも私見《しけん》である。ちなみに夫は70％が「世界遺産」、30％が「食」と至ってシンプル、たぶん）。

その「食」に大どんでん返しがあった場合、なかなかにしんどいものとなる。しかし、私にはその手の失敗談が3回しかない。これは幸運と呼んでいいのだろうか。

1回目はコーラの中に入った氷にやられた。危ないことは知っていたが、瓶か缶で出てくると思っていたコーラがコップで出てきた。初めての海外旅行先、台湾の台北ステーションの地下の変な博物館（寄生虫の絵なんかがあっておもしろかったが、2回目に台湾に行ったときにはなくなっていた。もう一度見たかったのに）の喫茶コーナーである。ちなみに寄生虫にものすごく興味のある私は、東京に行ったらスカイツリーより「目黒寄生虫館」に行ってさなだ虫Tシャツを買いたいと思っている（パジャマにするために）。

コップに入った氷入りのコーラ。危ないとは思いながら、その日は暑すぎて我慢できなかった。案の定、2時間後にお腹が…。まぁすぐに回復して大事には至らず。

2回目は、夫が同じく台北のデパートの中華料理店で出されたシジミの醤油漬けでアウト！帰国してから3日間は動けず。私も同じものを食べたが、量が少なかったからか偶然にもセーフ！

そして、3回目が最悪の地獄の3日間を記憶と身体に刻みつけることとなったのである。場所は美食の韓国、釜山《プサン》のかの有名なチャガルチ市場である。その旅はまさしく「食」を追求する旅。韓国は3回目だったので、何を食べても美味しいことは周知のごとくである。焼き肉、火鍋、参鶏湯《サムゲタン》、プルコギ、石焼きビビンバ、キンパ、ホットク、海鮮粥《かゆ》、鮑《あわび》粥、当時日本では禁止されていたユッケも下に敷いている梨まで堪能し大満足！　お腹も普通に絶好調！

本当に韓国料理は美味《うま》い！　だから昨今《さっこん》の韓国との不和は実に残念である。25年前に日本と韓国の仲を取り持ったペ・ヨンジュンも泣いているぞ。10年前に活躍したＫＡＲＡも少女時代も、大好きな東方神起も残念がっているよ、ホンマ。韓国への直行便も減ってしまい、いつでも行けるはずの韓国が、いつ行けるかわからない中東並みに遠い国になってしまったのは本当に残念である。

話を元に戻そう。それは釜山旅行の最終日のことだった。有名なチャガルチ市場で、新鮮な海鮮を食べて空港に向かおうと、いそいそと市場へ出かけ1階で海鮮を物色していた。前日に鮑をたらふく食べたので、このときは大アサリやハマグリを食べたかった。店のおばちゃんは鮑を勧めたが、私は二枚貝ばかり買ってしまった。あと生きてる蛸《たこ》と。おばちゃんが一瞬ためらったのを気にかけることなく、2階へ持って行ってイートインスペースで焼いてもらった。

その二枚貝が、後から考えるとハマグリや大アサリではなく「アオヤギ」だったのではないか。そう、あのアオヤギ。日本では「バカ貝」とも言う。生では絶対食べない貝。それも、焼きがあまかった。夫はもっと焼いてもらおうかと言ってくれたのに、聞く耳持たずパクパク食べてしまったのだ（後日、海外で生に近い貝を食べるなんて不用心にも程がある…とは娘の弁）。

それにしても最終日でよかった。これが旅行のはじめのほうだったら、旅行は散々なことになったであろう。きっと、イミグレーションで引っかかり、帰りの飛行機には乗れず空港待機か入院ということにもなったかもしれない。

帰国したその日の夜から3日間、私は地獄を見た。夜中に夫と交代でトイレへ。上から下から、その日の夕ご飯が直通で出てくる。熱が出て身体が動かず、無理して仕事に行ったが1時間ごとにトイレで吐きまくり（同僚にはまた二日酔いですかと言われる始末。なんでやねん！しんどいのに）、とうとう早退して点滴。脱水にならないように水を飲みたいが身体が受け付けず、2人してダウンしているから看病し合うこともできず、自分のことで精一杯。3日間で貝毒は出て行ってくれたものの、3キロ近く体重減少（それだけは儲《もう》けたと心の中では弱々しくほくそ笑んだものの、回復したらすぐ元通り）。

それに懲《こ》りて、タイでは美味《おい》しそうな生牡蠣《なまがき》をかろうじて我慢し、オーストラリアではムール貝にも手を付けなかった。海外ではよほどのことがなければ貝は御法度！なのに、舌の根も乾かぬうちにとはこのこと、マレーシアの屋台でアサリに似た二枚貝の炒め物を食べてしまった。ニンニクだらけで滅菌されているから…と理由を付けて。結果は素晴らしく美味《びみ》！懲りないなぁ…。

エピソード6　海外トイレ事情…何でもすぐ慣れる！　大丈夫！

帰国して関空の温水トイレを使うとき、あぁ日本に帰ってきたんだ！　と心底ホッとするものである。数年前から、手を乾かす温風器（ハンドドライヤー・ジェットタオル・エアータオルとも言うらしい）が全ての水道の前に設置され、間違いなく世界一快適！　そんなにたくさんの国に行ったわけではないが…。

まず東南アジアはペーパーフォルダーが直径30センチの縦型になる。ゆえにすぐに、あぁ東南アジアだ…と実感する。同じ東南アジアでもオセアニアに近づくとハンディービデが設置されている（私はまだ使うことができない）。オセアニアだ…とまた実感。中国とかその他の多くの国ではペーパーを流せない。トイレの隅の箱の中に入れる。ナプキンとはまた別のboxだが、それには蓋がない。つまり、お尻を拭いた使用済みトイレットペーパーが丸見えということになる。排水が十分でなくてトイレが詰まるのを防ぐためだが、慣れないうちは違和感しきり。汚れを見たくないし、見せたくない。うっかり日本と同じように流してしまって、ごめん○○（○○は国名）と心の中で謝ることも多々あった。今では、帰国してからもうっかりペーパー入れを探してしまう始末。

ところで、日本に来る外国人は温水トイレの使い方を勉強してくるのだろうか。何十年も前、生まれて初めて温水トイレを使って水浸しにしてしまったことがあったので…（お尻を置かずに水の出る様子を観察しようとしたのである…そんなことするの私だけ?）。関空のトイレや京都駅のトイレには、「紙はそのまま流してください」「上に乗るのではなくて座ってください」とかの表示はあるが…（実はずっと疑問だった）。

今は中国でもどこの国でも、街中でも囲いの無いトイレには出会わなくなった。ドアの下と上に30センチの隙間があるのはあった。また、水洗ではないトイレにも出会っていない（言うても観光旅行なので）。ただ、水が出ないトイレはあったかな。そばに水の入ったバケツとその中にひしゃく。手動で水洗という感じ。トイレの入り口に座っている係の人に小銭を渡してティッシュを受け取って初めて入れるトイレも多くある（でも、係の人がいるとたいていまぁまぁきれい。トイレに入るための小銭ぐらいは持っていたが、なぜかそのおばさんたちはとっても偉そうにする）。

最高にすごかったのが、忘れもしないラオスの素晴らしく美しいクアンシーの滝（滝の下、延々と流れる川の水はまさしくエメラルド色、南国の花々が咲き乱れ、西洋人が大勢泳いでいた。もう一度行きたい！）の近くのトイレ。

まだまだ発展途上の国であるとか、屋外の土産物屋の片隅のトイレというハンディーを背負っているとか、やむをえない事情もあるが、なかなかの経験だった。洋式だが便器にお尻を付けることなど絶対にできない代物《しろもの》、床のタイルも見えないほどうず高く積み上がった○○○のすごい状態、例のひしゃくも素手では絶対に掴めない、これ以上は文字にできない…。

　それでも、トイレを我慢していた私にとっては救いの神だった！　どんなに嬉しかったか！その喜びのため、素晴らしいエメラルドの滝の印象が汚されることもなく、美しいトロピカルな花々の色も形もそのままに、決して嫌な思い出になることはなかった。

　日本ならたちまちたくさんのスポンサーが付いて、土産物屋が出来て、レストランやホテルが出来て大観光地になるであろう、なんとも素晴らしい滝の光景であった。しかし、ラオスにはそうなって欲しくない身勝手な思いも感じてしまうのだ。たとえトイレが○○でも、ラオスは今のままのラオスであってほしかったりする。私のエゴイズム以外の何ものでもないが…。

　ラオスは本当に素敵な国で、私の中では、1ヶ月くらい滞在したい国のベスト1である。あのゆる〜い雰囲気、親切で敬虔《けいけん》な人々、素朴な食事（ほとんど籠入り赤米と川海苔ばかり…でも最後にはクセになった）、美しいお寺の数々、早朝の僧侶たちの托鉢《たくはつ》の列（托鉢中の子供のお坊さんを立ち止まらせて、自分とツーショットの写真を撮っていたタイ人のおばさん、いい加減にしなさい、罰当たりめ！）、あまりにも安い物価…こんなところで1ヶ月もお寺巡りでゆったり過ごせたら、日本でのあらゆる心配事が、スーッと昇華されていくような気がする。ラオスは絶対また行きたい国である。特にルアンパバーンには。なぜなら歳を取ってもあのペースならついて行ける気がするから…。毎日、1年365日、お坊さんにご飯を捧げようと道端に座っているという高齢のご婦人たちも、お坊さんの列と同じくらい美しい珠玉《しゅぎょく》の風景だった。

話はそれるが、1ヶ月ぐらい滞在したい国はラオス、そして1年くらい滞在してみたい国はマレーシアだ。なぜならマレーシアは多民族国家。中国人街、インド人街、イスラム教を信仰するマレー系の人々、ヒンズー教、仏教、キリスト教…様々な人種のるつぼである。様々な容貌、様々な考えの人たちが、その最大公約数の理解を中心に放射線状に生活を営んでいる。歴史的には民族対立もあったが、よく言われる「みんな違ってみんないい」どころではなく「みんな違って当たり前」なのである。

日本の周りは海で、国境というものの存在がはっきりしすぎているために逆に曖昧《あいまい》な国民性であると思う。「秘密のケンミンSHOW」という人気番組があるが、たかが地方自治体のラインだけでもあんなに違いがあるのに、民族が異なったら、いったいどんな軋轢《あつれき》があるのだろうと思わざるをえない。なのに、マレーシアという国は堂々と存在し大きな経済発展を遂げている。数日の滞在ではその国民性の一端も捉えることは不可能だと思うけれど、短期間だからこそ見えるものもある。エネルギッシュだけど穏やか、平和でミステリアス、その相反する両面を有する国、マレーシア。あぁ、なんて魅力的！ 1年ぐらい全く退屈せずに過ごせそうだ。旅行者としてではなく、フォーリナーであっても普通の生活を営めそうな気がする。生活者として短期間でも身を置いてみたい国なのだ。

首都クアラルンプールは大都会だ。炎天下の街を歩く一組のカップルを見た。女性はムスリムで、普通は髪の毛を隠すだけのヒジャブという布を身に着ける場合が多いが、なぜかその女性はブルカを着用していた。真っ黒の目の部分だけが見えるロングのマントのようなあの服装だ。そして、相手の男性は同じマレーシア人だと思うが、タンクトップに短パンだった。彼女は暑くないのだろうか。彼は自分だけ涼しく露出して、彼女は黒い布で目以外を覆って、それでいいのだろうかと、どうしても思ってしまうのだった。彼らはそれで充分幸せそうだったのに…。

蛇足だが、トイレはきれいなのに私の体調が一番やばかったのはインドネシア、ジョグジャカルタの郊外の世界遺産ボロブドゥールでのこと。

言わずと知れた地中に埋もれていた壮大な仏教寺院である。椰子《やし》の木の密林の中に、土の中から掘り起こされた山のように巨大な遺跡である。頂上には十数体の仏像が釣り鐘のようなも

ボロブドゥール

のの中に入って祀られている。なぜか、ボロブドゥールで日の出を見るツアーというのがあり、早朝4時に起きて参加したのである。そのときの朝食がサンドイッチとサラック。

サラックとは、一見コブラの頭のような、茶色でザラザラした質感のバリ島ではどこにでも大袋で売っている果物である。あちらこちらで見かけながらまだ食していなかった果物の中で、最も興味をそそられているものだったので、内心大喜びでかぶりついた。早朝、ボロブドゥールの麓《ふもと》にあるベンチでである。美味しい。思ったよりサックサク（さすが、サラック）。栗のような食感、ライチのような上品な甘み、夫も娘もその形状に尻込みしたのに私だけは2個完食！ 大満足でいざ登頂と歩みを進めた。インストラクターがこんなことを言っていたなぁ。「この道から離れて草むらに入らないように。ラフレシアが咲いていていて臭いし、コブラもいるから」と。ひぇ〜！　すごい！　日本では植物園か動物園でしか見られない生き物が、ここでは道端に出現するのだ！

わくわくしながら歩いていると、「まずい…、お腹が…」完全にサラックの食べすぎだ。慣れないものを早朝の空きっ腹に放り込んで歩き回っているのだから、さもありなんである。ボロブドゥールの頂上への石段を上りながら、下りることばかり考えていた。薄暗い中とうとう頂上へ。ダメだ。こんなところにトイレがあるはずもなく、隠れてすることもできない（なんて罰当たりな）。他のみんながカメラを構えて楽しそうに朝日を待つのを尻目に、夫にサインを送り宮川大輔ばりに「あっか〜ん！」と心の中で叫びながら、猛然と石段を駆け下りたのだった。なんで下りていく？　と不思議そうな観光客にどう思われようが関係ない、上るときの半分の時間で私は地上に下り立った。

しかし、トイレがどこにあるのかわからない。そのとき、いつもならうっとうしくてたまらない絵はがき売りのおじさんが「どうしたの？」と、日本語で話しかけてきた（なんぼほど日本人の観光客が多いんだ！）。まぁ、私の顔を見たら切羽詰まっているのがわかったのだろう。

「ウェア、イズ、レ、レストルーム？（なんで私のほうが英語？）」

おじさんはすぐに教えてくれた。上るときには暗くて気が付かなかったが、すぐ近くにこぎれいなトイレがあるではないか！　さすが、世界遺産！「Oh! my god!」私は九死に一生を得たのであった。

ただし、この話には続きがある。ホッとしてトイレを出てくると出口にそのおじさんが、絵はがきを手にニコニコ顔で待っていたのである。例のごとく法外な値段だ。また、例のごとく私は現地のお金を持っていない（小銭までいちいち夫に貰っていたから）。「後で」と振り切り、また猛然と石段を駆け上がっていったのであった。

ボロブドゥールの頂上からの日の出はもちろん素晴らしく、椰子の木が林立するジャングルの中の世界遺産の壮大な風景を、回復した体調とともに思う存分堪能したのであった。その後、出口でやはりおじさんは待っており、絵はがき5枚（和紙っぽい紙で作ったなかなかの雰囲気のあるもの）を日本円で700円という高額（彼の1日分の生活費には充分になるであろう）で買う羽目になったのである。まぁ、いいか。危機を救ってくれたお礼ですわ。

それ以降、海外旅行のバッグの中に、多めのティッシュ、正露丸、ストッパ、ロキソニンは必携である（まぁ、海外の街歩きあるあるですが）。

エピソード7　海外お食事事情…郷に入れば郷に従え！

海外で食べた美味しいもの、さぞやすごい料理を挙げるのでは…と思われるかもしれないが、庶民の海外旅行なのでその点は期待に応えられません、あしからず。思いつくまま心に浮かぶまま述べてみようと思う。

まず1つ目。驚くほど美味しかった果物。それはベトナム、ホーチミンのルネッサンスホテルで、ウェルカムフルーツとして部屋に置かれていたドラゴンフルーツである。テーブルに置かれてあったが、よく冷えていて、夫が入浴している間に娘と食べてしまったほどだ。あまりの美味しさに止まらなかった。娘と顔を見合わせながら、芳醇《ほうじゅん》かつ爽やかなそのトロピカルフルーツの魅力に骨抜きにされてしまった。それからしばらくの間、どこへ行っても日本でもドラゴンフルーツを買って食べてみたが、そのときのような衝撃は二度となかった。市場で90円ほど（日本ではその3倍かな）の南国の味が、あの滑らかでそれでいてザラッとした舌触りが、今でも記憶に残っている。

２つ目は、台湾の士林夜市《しりんよいち》で飲んだウォーターメロンジュース。つまり１００％のスイカジュースである。これは一種のチャレンジでもあったのだが、カップにミキサーからスイカのみを砕いたジュースを入れ、瞬間パックする装置を見て（衛生的で安心した）、我慢できなくて買ったものである。スイカだけなのに「甘い！」と思わず叫ぶほど甘い！　そして、例のごとく爽やか！　夫はスイカを食べられない人なので、スイカ大好きの私はずっと遠慮していたのだ。しかし、それからは、どこに行ってもスイカジュースを頼んだものだった。バリ島のキンタマーニ高原でも、カンボジアでも。しかし、このときほど体中に染み渡るスイカのパワーを感じたことはない。メロンよりウォーターメロンに限る！

私はチャレンジャーだ。怖さを知らない。マレーシアの屋台でやっと見つけた！　新鮮なドリアンを！　３つ目は、そうドリアンだ。新鮮なドリアンは匂わない。臭くない。念願のドリアン大人食いのチャンスがとうとうやってきた！　困惑気味の夫を尻目に、その屋台で一番小さい日本円で４００円のドリアンをゲット。２つに割ってもらい、早速スプーンで大人食い。う、うまい！　濃厚！　ねっとり、芳醇で、でも甘すぎず上品な甘み！　あ～！　幸せ！　これが本来のドリアンの味なのか…感動！　隣の席には、ドリアンを買ってみたもののほんの少ししか食べられず思案している日本人の若い女性の二人組が…。気持ちはよ～くわかる。でも、おばさんは食べられたよ！

あれっ？　フルーツばっかり。つまり基本何でも美味しいってこと。非日常の中でリラックスして時間を気にせず食べる食事は何でも美味しい。だいたい予習して出かけるから、大事なところは押さえているると思うので外《はず》れはほとんどない。

そんな私でも、どうしても食べられなかったものが３つある。

１つは台湾の八角の匂いがする臭豆腐《しゅうどうふ》のおでんのようなもの。初めて台湾に行ったとき、空港で、もう八角の匂いがしていた。街を歩くとあちらこちらで臭豆腐のおでんを売っていて、きれいなＯＬが出勤途中に立ったまま食べていたりする。台湾・中国には十数回行ったので、どこかで知らずに食べているかもしれないが、三度目の台湾では街に八角の匂いがしなくて嬉しかったのを覚えている（人間の五感の中で嗅覚が最も慣れやすいらしい）。

２つ目は、月並みだがパクチーのスープ。「パクチーが苦手でよく東南アジアに何度も行くね」とよく言われる。フォーにのってるパクチーぐらいは避けたら食べられるし、料理に少し入っていても大丈夫。しかし、ベトナムで知らずに頼んでしまったパクチーのスープはダメだった。蓋を開けたとたん、娘と顔を見合わせたのだった。こりゃ、あかん…。ハードすぎる。あえなくダウン。それでも夫は飲んでいたなぁ（半分残しているのを覚えているが）。ちなみに、その店で食べたソフトシェルクラブは超美味だった！

そして３つ目、それは中国厦門《アモイ》の土楼《どろう》観光に行ったときに食堂で出てきた鰻《うなぎ》のスープである。これにはギブアップ。珍しく一口で惨敗。こんな山の中でなぜにウナギ？　と思ったのがいけなかった。ありえないほどの生臭さ。そのとき初めて、生臭いとはこういうことなのかと知った…とは言いすぎか。繰り返すが私は本当に何でも食べたし、美味しく頂いてきたのだ。しかしこのときは、もったいないけど、これだけは許して！と本気で思ったのである（中華料理は何でも美味しいが、奥地に行ったらたまにこんなことがあるかも）。

コーディネーターも現地の料理人も、外国人の口に合わなかったと思ったら残念だろう。できれば完食して国際交流に少しでも役立ちたいものである。そのため、海外旅行に行くと必ず最低2キロは太る。旅行中も習慣の美容体操は5割増しでやっているのに。全てにおいてリラックスしているし（それこそ海外旅行の醍醐味）、とにかくよく食べるからだ。その国を代表する美味（超高額なものではないが、日本人好みだけでなく地元の人気店にも普通に行く）を頂いているので当たり前だが、本当にどの料理も美味しい。上海の直径10センチの小籠包《しょうろんぽう》しかり、バリのサテ（少々固いが）しかり、ラオスの赤米《あかまい》おこわしかり、韓国の鮑粥しかり、ベトナムのフォーやラクサしかり、タイのトムヤムクンは言わずもがな。帰国してからも、他国籍料理の店に好んで通った。しかし、ＤＮＡがどうしても融合してくれないものもあるようだ。

外国人は、日本料理の中でダメなものはないのだろうか。納豆は？　なれ寿司は？　発酵食品でなくても苦手なものがあるかもしれない（最近はｓａｓｉｍｉは大丈夫な人が多いらしい）。それでも、日本人は嫌な感情を持ったりしない。世界一臭いと言われているシュールストレミング（これは有名だから周知のことだろう）やキビヤック（どうかネットでググってほしい。これを最初に作って食べようと思った人がすごい）でさえ、その国の食文化として「ありかも」ぐらいの気持ちはある（決して食べたくはないが）。それらは長い歴史の中で必要があったからこそ受け継がれてきたものなのだ。それらが多くの人の命を繋《つな》いできた歴史があるのだ。そう理解している私の偏食ぐらいは、現地の人は広い心できっと許してくれるだろう。

ただどうしても納得できないものがある。テレビでよくやっている「虫を生で食う」というものだ。私は数年前からアメリカのドキュメンタリー番組「Monsters Inside Me」の大ファンなので、寄生虫には少々うるさい。アライグマ回虫やアカントアメーバは言わずもがな、かなり詳しいと自負している。それを思うと生食はダメだろう。すぐに腹を壊すぐらいならまだいい。静かに身体の中で増え続け、何年、何十年も経ってから致命的な体調被害を与え、致死率も高いものが多い。かつ原因を突き止めるのが難しい。セカンドオピニオンどころかサードオピニオンでもなかなか見つからない（娘には、私の体調が悪くなったら十中八九寄生虫が原因なので医者に調べてもらってくれと言ってある）。焼いたり煮たりしてあればまだいい（それでもシストに変身して死滅しない寄生虫もある）。生食はあかん。

私はそういう番組のディレクターに言いたい。もしものときにはどう責任を取るのかと（死んだ水に飛び込むのもアウト！「イッテQ」は大好きだけど）。

エピソード8　世界遺産自己流ベスト1…カンボジア一人勝ち！

世界遺産は私の海外旅行の目的の大部分を占めるため、なかなかに目が肥えていると自負している。アジアとオーストラリアにしか行っていないが、ベスト1は断トツ、カンボジアである。カンボジアのアンコールワット寺院群は最も素晴らしいと私は思う。強烈な暑さの中、地震で壊れた石垣が無残に転がるアンコールワットまでの長い長いアプローチを、溢《あふ》れんばかりの期待を胸いっぱいにして歩みを進めたときのことを、私は忘れることができない。さすがの世界遺産である。

回廊に描かれたレリーフの素晴らしさ、それも手で触れることができるのである（日本にあったらまず無理）。実際よく手が触れるところは石がツルツルして光沢まで放っているのだ。ボロブドゥールにも同じようなレリーフがあったが、いったいどれほどの時間をかけて彫っていくのだろう。全てのレリーフにストーリーがある。主役は神であったり、実在の王であったりする。戦いがあり、平和があり、誕生があり、そして死がある。気の遠くなるほどの長い年月、鑿《のみ》と鎚《つち》の音が絶え間なくしていたであろうことを想像すると、数え切れないほどの人間の気配までもが感じられるのだ。

シェムリアップのアンコールワット遺跡群には、「クメールの微笑み」で有名なバイヨン・アンコールトム、微細で精巧なこの世のものとは思えない美しい彫刻で有名なバンテアイ・スレイ、そして私の娘のお気に入り、最大のパワースポット、タ・プロームがある。巨大な樹木が絡《から》みつき、人間の営みを自然の中に引きずり込もうとしているようなあの形状から発する巨大なパワー、圧倒的迫力は現地で見てみないとわからない。アンジェリーナ・ジョリーが主役の映画『トゥームレイダー』の撮影地になったことは有名だが、寧ろあれは「ラピュタ？」と思った日本人が多いのではないだろうか。巨神兵に似た像までがたくさんあるのだ。もしかして宮崎さん、ここがヒントになったの？

カンボジア（タ・プローム）

カンボジアを先に見てしまうと、タイの世界遺産も、既に見たインドネシアのプランバナンもほんの少し（いやかなり）かすんでしまうのが惜しい。どちらも単体では本当に素晴らしいのだが、規模が違う。何より圧が違う。このジャンルの世界遺産を見たいなら、カンボジアには行くべきだ。いや待てよ、先に他を見たほうがいいのかな。

カンボジア番外編としては、長い年月の間に壊れた石垣がまるで京都の抹茶わらび餅そっくりだったこと。とにかく暑い、暑くてたまらない、湿気もすごい。ゆえに、苔の色が違う。緑の中の緑！まっ緑！それがコロコロ転がっている様子はまさしく抹茶わらび餅！目の奥まで緑に染まりそうだった。また、アンコールワットの外周の堀に飛び込む子供たちの元気さ。その深緑の堀には、ここにしかいない未発見の生き物がたくさんいそうなのに、平気で飛び込んで遊んでいる。寄生虫どころの騒ぎではない。大型の危険生物さえいそうな雰囲気である。そんなことはお構いなしで、平気で堀の水に飛び込み遊び回っている。実にたくましい。

もう1つ、入場チケットはシェムリアップの寺院の数ではなく、何日間見学するかで料金が決まっている。ディズニーランドやUSJ並みの高額だが、中身が素晴らしいので少しも惜しくない。このシステムは実に簡潔でわかりやすく理にかなっていると思う。日本なら分厚いパンフレットが土産物屋で売られそうなものだが、カンボジアにはそれがない。日本の博物館には必ずあるミュージアムショップもない。確かに説明書は日本でもたくさん出ているし、何種類も既に持っている。けれども、もし現地でパンフレットを見つけたら、まず間違いなく手に入れるだろう。世界各地から厖大《ぼうだい》な数の旅行者がやってくるカンボジアで、その収入は計り知れないものになるはずだ。別に金儲けをしてほしいわけではないが、その収入がカンボジアをもっと豊かにできるのではないかと思うのだ。

　カンボジアの世界遺産には国家をもっと豊かにするパワーが存在する。観光事業だけでもカンボジアはやっていける、なんて思うのは浅はかだろうが、どうしてもそう思ってしまうのである。本当に安い賃金で西洋人の観光客を乗せて観光地を巡るトゥクトゥクの運転手、土産物屋で埃まみれの民芸品を売る老婦人、観光客を捕まえては衣類などを押し売りしようとする子供たち、西洋人の好むテラスバーで働くスリムで若い女の子たち。燦々《さんさん》と輝く太陽の下で、彼らの笑顔は本物だが、なんともやりきれない思いが拭《ぬぐ》えなかった。こんな気持ちになるは傲慢《ごうまん》なのだろうか…。

カンボジア

エピソード9　エコノミーの機内食はいつも…

私は飛行機大好き人間だが、どうしても機内食だけは好きになれない。

もちろん庶民なのでエコノミーにしか乗らないから、ビジネスやファーストクラスはきっと美味しい機内食なんだろうと思う。機内食は何万フィートもの上空で食すため、その高度に合わせて味付けをしているらしい。10年ほど前にサスペンスドラマ「科捜研の女」で知った。つまり地上で食べる味付けとは違うらしい。それがダメなわけでもないだろうが、未だかつて完食できたためしがない。いや、たった一度だけ、ランチやディナーでなく軽食のたぐいであるが、完食できたことがあった。それが私にとってベスト1の機内食である。

それは、ラオスの古都ルアンパバーンから首都ビエンチャンへ向かうラオスの国内線でのことだった。まず空港も小さいが飛行機がまた小さくてかわいい。同乗していた観光客は皆、写真を撮っていたくらいだ。ジェット機ではなくてプロペラ機。白くてずんぐり丸っこい機体に藤色のパーツ、どこか愛嬌《あいきょう》のあるイルカのような風貌《ふうぼう》。期待がいや増しである。

そして、軽食の時間。アルミホイルにくるまれ、ほどよく冷やされたロールサンドの美味しいこと！　ほとんど期待していなかったので、その美味しさにびっくり！　冷えた生ハムとシャキシャキのレタス、ピリッとスパイスの効いたオーロラソースと、ほどよい塩気のピクルス。シンプルなのに超美味！　このとき、機内食は全部これにしてほしいと思ったくらいだ。それ以降、国内線では似たような軽食も出たが、それ以上のものには巡り会っていない。

とにかくメインの料理が口に合わない。今度こそ！　と期待するのだが、いつも裏切られる。「meat or fish?」と大概聞かれるので、夫と1つずつ試してみるのだが、チキンもポークもビーフも味が「?」である。かろうじて魚のムニエルとかソテーなら半分くらいは食べられることもある。パスタがあるときはそれにするが、いつも近所のイタリアン料理店の素晴らしく美味しい手打ちパスタを頂いているので、ハードルは高い。しかたなく、最近はフルーツとパンにバターを塗ったものとデザートのケーキ（たまに出る日本蕎麦《そば》はホッとする）でお腹を膨《ふく》らませることにしている。

夜間飛行のときは、朝食は常に「no thank you」である。インドネシアやオーストラリア、スリランカなどからの帰りの便は、早朝に関空に着く夜間飛行であった。どうせエコノミーの狭い座席では寝られないので夜中までビデオを見て、ようやく寝付いた早朝4時頃に朝食が配られる。ムリ、そんな時間に睡眠不足もあって食欲なんか皆無である。もったいない気もするがパスするのが常なのだ。隣でパクパク食べられる夫はすごいと思う。

そこで思った。オーストラリアへ行ったときの飛行機は、LCCなので機内食が必要な人だけ頼むというシステムだった。CAさんがいちいち機内食を頼んだ人かどうかを確認しながら配っていて大変だなぁと思ったが、隣の男性は、自分の好きな空弁《そらべん》を空港で買って好きな飲み物を飲んでいた。朝食は温かいものがよかったのか、メニュー表から選んで注文していた。オーダーしたものは全てカード決済。旅慣れた人だと感心した。それだと思った。そのシステム貰った！と思った。

しかし、機内で出るナッツやビスケットは美味い！いつも夫の分まで食べてしまう。また、ベトナムエアラインで出るココナッツの香りのするナプキンが大好き。あぁ東南アジアに行くんだ…と期待が高まるというものだ。日本であれを探しているが見つからない。

トイレに行きたくなるけど、機内ではよく飲み物が供される。脱水を起こさないためだろうが、あんなに飲めない。そう思うのは私だけだろうか。フルーツジュース・炭酸・コーヒー・緑茶・烏龍茶。いろいろ試してみたが、台湾行きの飛行機の中で飲んだプレミアムモルツが一番美味かった。キリッと冷えたビールはそれが最後。ぬるいビールはたとえプレミアムモルツでももう一つだ。しかし、きちんと発音したつもりなのに「ワラ（ウオーター）」と言って白ワインが来たのはなぜ？思わず酔っ払ってしまった。

エピソード10　飛行機でのマナー…空港いろいろ

エコノミーの座席は狭い。それはわかるが、何の断りもなくいきなり座席を大きく倒す人の気が知れない。自分が楽をするために他人に苦しい思いをさせる。それで本当に楽になるとしたら、どうかしてるぜ！　だ。海外で言葉も通じないから少しのことは我慢する。６時間も乗る飛行機で勝手なことをした前の席の若い女（その女は着陸態勢に入っても座席を戻さなかったから、ＣＡさんに怒られてた）。きっといい旅にはならんぞ！

エコノミーのトイレは２つくらいしかない。並んでいる人がいるのに、そこに15分以上こもる、これも若い女がいた。意地悪な私は、ＣＡさんに「15分も出てこないから心配だ。病気かもしれない」と訴えた（一応英語で）。ＣＡさんはノックし「Are you OK?」と声をかけた。化粧直しかなんか知らんが、病気じゃなかったら15分は非常識だろう。

基本的に飛行機大好き人間の私は、少々のことがあっても飛行機への思いはＬＯＶＥ。ゆえに、マナー違反も大して気にならない。バリ島への夜間飛行の最中、座席の上の荷物ロッカーから冷房用の水がボタボタと漏《も》れてきて、ＣＡさんがガムテープで応急処置をしていても、着陸のとき、悪天候のため室内のライトが全て消え、ええっ！　と不安に思っても、乱気流に巻き込まれて、ジェットコースター並みにガクンといっても、無事に着いてくれさえすれば、飛行機は大、大、大好き！　だから、マナー違反で不愉快になった経験もあんまり見つからない（飛行機ＬＯＶＥのため、盲目になっている？）。

関空では（きっと成田も羽田もそれ以外の空港も同じ？）、離陸の際に整備士などのグランドスタッフの方々が並んで飛行機に向かって手を振っている様子を見る。あれは、自分たちの整備に命を預けてくれている乗客（パイロットやＣＡさんたちを含む）へのお礼の意味も含んでいるらしいと何かで読んだことがある。確かに、事故があれば飛行機ではほぼ助からない。しかし、その確率は車での交通事故より比較にならないほど低い。いったん乗ってしまったら、隣の人ともその隣の人とも運命共同体である。そんなこといちいち考えてる人はいないだろうが、なんだか周りの乗客が愛おしく見えてくるのである。私はこの高揚感をフライト・ハイと勝手に呼んでいる。私は飛行機ＬＯＶＥのため、飛行機が舞台のパニック映画や、事故に関するドキュメンタリーをよく観る。しかし夫はそういうものは絶対観ない。

それはそうと、離着陸のとき（特に離陸のとき）のドキドキを感じていたくて起きていようとするのだが、眠くてたまらなくなるのはなぜだろう？　答えを知っている人は教えてほしい。飛行機大好き人間の私はドキドキ、ワクワク、滑走路までのランウェイの長さは緊張と興奮の長さ、そしてエンジン音が変わって滑走路を直進し始めたときの身体にこたえるG。やがて車輪が地上を離れたときのふっと軽くなった感じ。あっという間にもう助からない高さ…だいたい記憶はそこまでだ。気付いたときには水平飛行、シートベルト装着サインが既に消えていたりする。あぁ、また寝てしまった、残念！　私以上に想像力のある娘は、今でも離陸のときは怖そうだ。うつむいてしまっている。隣で居眠りしている私を見て、「なんでやねん！」と思っていることだろう。

一度だけ、非常出口の近くの席になったことがあった。そこだけは、エコノミーとはいえビジネスばりに座席の前が広い。更にＣＡさんがビジネスと兼ねているので、いかにもベテランという感じの落ち着いた気の利く人がすぐそばにいる。実に心強い。トイレも混んでいるとき（大概いつでも）は、ビジネスクラスのトイレを使える。エコノミーの最前列では後ろのエコノミーのトイレが遠いので大目に見てくれるのだ。前に座席が無いので、テーブルやテレビは壁に設置されている。とても見やすく広く使える。足を組んでも余裕で、ゆとりのスペースがある。なぜこの席が優遇されているのか、偶然ではない。大変重要な仕事があるのだ。それは、いざという緊急事態のとき、非常出口から乗客を脱出させる乗務員の手伝いをするということが決まっているからである。ＣＡさんが一応了解を取りに来るが、「It's my pleasure!」である。

それにしても、飛行機の私たちの座席は9割方翼のところである。翼のところだと風景が見えにくい。夜間飛行でなければ、やはり景色を見たいのだ。あの地図のような地上の風景、青い海に漂う何艘もの船、そして雲海、山の頂上を俯瞰《ふかん》で見られるなんて飛行機の中だけではないか。ロマンだ。高度が低いときは、あの小さな（いや小さく見える）家々やビル群の中に、たくさんの人間の生活があるんだ、みんな頑張って生きているんだ…と感慨にふけることもある。海に出ると全速力で動いているはずの船も止まっているように見え、ここに落ちても今なら助かるかも…と物理を無視したことを考えてちょっと安心したりする。山の上を飛ぶときは、「イモトアヤコ」じゃあるまいし、ほとんどの人が一生見ることができない頂上の風景をいともたやすく鑑賞することができる。

そういえば、オーストラリアのウルルをヘリコプターで空から鑑賞したことがあった。ちょうど地元の有力者が亡くなって、ウルル登山が中止になってしまった（高所恐怖症の私は密かにホッとしたが、夫はむちゃくちゃ残念がっていた）のだ。ちなみに、このときウルルの空港で「イッテQ」の撮影をしていたらしい女芸人さんの集団に遭遇した！

簡単には見られない山の頂上を俯瞰して見るのは興奮する（高所恐怖症の私もそれぐらい高いともう麻痺しているのだ）。そして、高度が上がって雲の上に出ると機体は安定するし、当然雨もない。六甲山麓のミルクソフトクリームのような雲を眺めていると、天国とはこんな感じ？　と思ったりする。血の池地獄に落とされたカンダタに、気まぐれに（これは私の私見）蜘蛛の糸を垂らすお釈迦様の気持ちに罰当たりなリンクを試してみたくなったりする。そんな非日常のアトラクション性にだけでも大金を払いたいくらいである。

しかし、大概は翼の上。一気に視界が狭まるのだ。更に、なぜか昔から窓際の席は夫と決まっている。夫は地理の教師だから、すぐに専門的な地理的説明をしたくなるようだ。国語の教師の私が、前述のように感情のみでロマンに浸っているので、そこは夫に譲るとしよう。たまに夫が窓際の席を譲ってくれることがあってちょっと喜んでいたら、夜間飛行だったりする。まぁ、いっか、トイレに行きやすいし。翼の中身は燃料だから、翼から炎が出たらやばい、出ないことを祈る。

フィンエアーとかルフトハンザ航空の飛行機を見ると、あぁ遠くまで行くんだなぁと羨《うらや》ましくなる。しかし、6時間以上のフライトはお尻が痛くて、さすがの飛行機大好き人間の私も最後は「忍」の一字になる。身体がまだそれ以上のフライトに耐えられるうちに遠くに行かねば…と思ってしまう。トランジットもあまり好きではない。ラオスへの直行便はないのでベトナムの昔のノイバイ空港で6時間つぶしたり、スリランカへ行くとき、タイのスワンナプーム空港で同じく6時間つぶしたが、せっかちな私はどうしても時間の無駄と思ってしまう。マッサージをして2時間、免税店を何回回ってもせいぜい1時間、空港を探検して1時間、レストランで1時間、どうしても時間が余ってしまう。それ以上のトランジットのときや、狭い空港の場合は店員さんに顔を覚えられそうで、もっと時間を持て余す。ちなみに娘は、オーストリアに行くときドバイで5時間友達とトランプをやっていたらしい。どんなにキンキラキンのすごい空港でも数時間は長い。

だから私は、読みたかった本をためておくのだ。そして、重くても機内持ち込みのバッグに入れる。行きで半分読み、帰りに半分読むときもある。あまり難しくなくストーリーの展開が急な小説がいい。原田マハや同年代の白石一文、小池真理子、脳科学者の黒川伊保子の本も小説じゃないが実に楽しい。その癖を付けてから、トランジットもまた楽しとなったのである。めでたし、めでたし（ただし、トランジットだと最終目的地に着いたときにきちんとバゲージが出てくるかどうか不安になるのは私だけ？）。

飛行機に乗ると、まず何の映画を観るかを決めるのが楽しい。日本語訳なんてない場合がほとんどだから、宇宙を舞台にした冒険ものや、パニック映画が適当だ。もちろん台詞があまり関係ないから。スペースホラーの『プロメテウス』がおもしろすぎて、行きも帰りも繰り返し観たことがあり、隣で夫が呆れていた。フライト時間が短い大韓航空に乗ったときは、映画を決めるのに急ぐ。たった2時間の映画でも、「犯人は」という台詞の口の形のまま、「当機は着陸態勢に…」とアナウンスが始まりストップしてしまうことになるからだ。

　着陸態勢に入ると容赦なくテレビをストップする航空会社がほとんどだが、キャプテンの着陸メッセージが終わって、乗客の降機が始まってもテレビがついたままのことがあった。ちょっと嬉しい（『ワールド・ウォーZ』という映画を観ていたとき、飛行機が墜落する場面だけカットされてて、細かいところを気にするなぁと思ったりした。それは航空会社のプライドか、見栄か、小心か。やはり心遣いか）。

飛行機いろいろ

　着陸が近づくと、飛行機のお腹についたカメラから見る映像を観ることにしている。着陸の瞬間が味わえておもしろい。滑走路の真ん中のラインに沿ってまっすぐ衝撃もなく降りるのが本当にすごいと思う。キャプテン、ブラボー！

　空港で一夜を過ごしたことがある。我が日本の関空である。

スリランカへ出発する日の朝、台風が来た。関空への連絡橋にタンカーが衝突したあの事故があった年の、最初の台風である（あの年は7月末から9月まで何度も台風がやって来た。そのはじめのほうの、コースが逆に西に曲がったあの台風である）。

被害を受けた方々には大変申し訳ないが、私たちにとっても1年間楽しみにしてきたちょうどその日である。まずい。予約していた関空へのリムジンバスの運休が夕方には決まってしまった。最後のリムジンバスの発車時刻まで、もう時間がない。そこで、夫より私が即決！自家用車で関空に前乗りすべし！それも、連絡橋が通行止めになる前、一刻も早く向かうのだ！決めてからは早かった。幸運にもまだ雨はさほど強くない。決めてから30分以内にパッキングを済ませ、いざ出発！雨はどんどん激しくなる。刻々と台風接近のニュースが入ってくる。ただし、相手は台風だから、離陸さえしてしまえばこっちのもん！スリランカまで台風が追ってくることはない。離陸さえすれば…。

運良く連絡橋は通行止めされておらず、雨脚もひどくはなっていなかった。今までこういう目に遭っていなかったことが、寧ろ幸運だったかもしれない。初めて関空の駐車場に0時を過ぎてから入り（1日分損しないように。そう思って入り口近くに待機している車は何台もあった。料金は6泊7日で1万円と少し、や、安い！）、食事を済ませてから4階国際線ロビーへ。やはりいた！何十人もの乗客が前乗りして待っていたのである。

ベンチはほとんど埋まっていたが、運良く良心的な日本人の男性がベンチの半分を空けて、自分のトランクに足をのせて寝てくれたので、2人で座ることができた。以前飛行機が3時間遅れるとか、関空上空が大雨のため成田に着陸するかもしれないというハプニング（結局は無事関空に着陸できてホッと胸をなで下ろした。海外旅行の次の日は大概仕事を入れてるから。海外旅行は全く疲れないので）があったが、こんなことは初めての経験だ。向かいのベンチがないスペースには、若い日本人の女性2人連れが実に上品に静かに座っていた。とにかく、3階の国内線のロビーまでベンチはいっぱい。気持ちわかるなぁ、でも少しでも寝ておこう…と思って目をつぶった深夜、若者の笑い声でたたき起こされたのである。

すぐ近くのベンチで韓国語を話す5～6人の一族と思われる集団がスマホでゲームをしているのか、時折大声で騒ぐのだ。ありえない、五月蝿《うるさ》い。夫は隣で咳払いをしていたが、全く変化なし。日本の旅行が楽しかったのはわかるが、もう少し周りに配慮してくれないかなぁ。「shiet!」と心の中で叫び、ふと前を見ると、向かいの女の子の1人と目が合った。「ですよね～」という声が聞こえてきそうで、思わずニッコリしてしまったのである。こっちはやっと関空まで来られたので嬉しくてハイになっているから、何とか我慢することができた。

次の日、スリランカへの飛行機は予定通り離陸し、事なきを得た。あの韓国人の集団は、他の人たちがどんどん起きて出発していく中、ベンチで爆睡していた。一晩中騒いだら、そりゃあ眠いだろう。その後、スリランカから帰国してから、その年の台風の被害を知った。被害を受けた方々には脳天気な私たちのこの文章も腹立たしい思いで読まれるかもしれない。本当に申し訳ない思いでいっぱいである。

空港って、本当にどこに行っても大して変わらない。雰囲気はどこへ行ってもそっくり。それでも搭乗直前の待合室の雰囲気で最も印象に残っているのが、先にも述べたスリランカへ行くときのトランジットで、タイのスワンナプーム空港でのこと。

スリランカ行きの待合ロビーの雰囲気が、えっ！と思うほど今までと違っていた。ライトは燦々と明るいのに、なんだか暗い。しばらくして理解した。肌の色が黒っぽく、目鼻立ちのくっきりはっきりしたインド系の人ばかりだったからだ。そんなことが私たちは初めてだったので、ちょっと驚いた。人々はとても静かで騒ぐ人もなく、色の黄色い私たちをじろじろ見るわけでもない。とても好印象の国民性を垣間見た思いである（走り回る子供たちもしっかり親が注意していた）。エトランゼ～な感覚がいや増しなまま、「こんな感じ初めてやな。遠くに来た実感が湧くなぁ」と夫と語り合いながら、気分良く（初めての経験は実に楽しい）乗り込んだ飛行機が、実はこの後、不可解な動きをするのである。

スワンナプーム空港を定時に離陸した30分後、客室までキャプテンがやって来て、短く何か言った。乗客は特に戸惑ったような様子ではなかったが、例のごとく静かにコソコソと全く解読できない言語で喋っている人もいた。あれあれというちに、なんとまたスワンナプーム空港へと引き返したのである。「すわっ、何事！　まさかハイジャック？」と（何しろ言語が全くわからない）降りるのかと思った私たちが意味もなくじたばたしているのを尻目に、他の乗客は落ち着いたもので動く気配がない。そのうちにまた離陸態勢に入り、何事もなかったかのようにスリランカ、バンダラナイケ国際空港へと向かっていったのである。未だにわからない。何があったのか。まさか燃料を積むのを忘れた？　まさかね！

とにかく大事《おおごと》ではなかったようだ。しかし、日本ではトップニュースではないだろうか。それにしても現地の言語がわからないと、こんな緊急の場合、全くの弱者《じゃくしゃ》になってしまうということを改めて思うに至ったのである。「スピードラーニング」もやってみた。電子辞書や「ポケトーク」「イモトのW·i F·i」も持っている。しかし、いざというときはほとんど役に立たない。CMでやっているようにすぐには上手く起動してくれないのだ。やり方が悪いのかもしれないが。結局、頼りになるのはボディーランゲージと片言でも英語の単語を並べること（文法無視で）。そういう点では、私は出川哲朗を尊敬している。

さて、くだんの飛行機の乗客は本当に紳士的だった。文句を言う人は1人もおらず、静かに往復1時間超のロスを納得したようであった。ヨーロッパ系の人は、空港では多くが物静かだ。

インド系の人もそういう人が多いということを初めて知った。中国人と韓国人は、えてして賑やかな人が多い。長い長い歴史の中でDNAに組み込まれた自己主張に重きを置く民族性の表れかもしれないと思ったりもする。香港の逃亡犯条例反対の数十万人が参加するデモは、今の段階で数ヶ月にわたる大事件となり（執筆時）、収束の兆しすら見えない。これは条例反対だけの問題ではなく、香港は香港であり中国の一部ではないという考えが、若者を中心に大多数の意見に広まっているということの表れであると思う。

香港旅行をしたとき、香港の人は中国的な名前の他にもう1つの通称を持っており、学校や職場など広く一般に使われると聞いた。コーディネーターは「僕の奥さんは今年から**モーニン**グという名前になりました」と普通に言っていた。ジャッキー・チェンのジャッキーも考えてみればそうだ。アグネス・チャンのアグネスもそうだ（ただしアグネスはキリスト教の洗礼名だと本人が言っていた）。ブルース・リーのブルースも（しつこい）？

香港国際空港はハブ空港の名にふさわしく巨大だが、10年前は中国の民芸品売り場のスペースはかなり大きかったように思う。品揃えも豊富だった。しかし、2年前の香港国際空港の免税店街には以前の十分の一の面積しかなく、場所も片隅に変わっていた（娘へのお土産の茶こし内蔵の茶器を手に入れるのに本当に困った）。中国料理のレストランもフードコートの奥に追いやられ、まるで香港が中国であることを表面的にも否定しているような気がしたものだ。

そして今回、香港の人たちの内面の変化も表出してきたように思われてならない。香港の多くの人たちは自分のことを「中国人ではない。香港人だ」と言うらしい。この問題は単に自分たちはどこから来たかというルーツの問題ではなく、狭い土地で熾烈な受験戦争と激烈な経済戦争に立ち向かっている人々の「苦労の恩恵は苦労した者が受けるべきだ」との声を表しているような気もする。香港の若者たちを突き動かすもの、あのエネルギーのもとは何なのか。基本的に自由な私たちには、自由を求める人間のパワーは理解しきれないのかもしれない。香港の情勢から、しばらくは目を離せない。

話は突然変わるが、最高におもしろい「中川家」という芸人がいる。高速バスの中でＹｏｕＴｕｂｅで聴き、寝る前にまた聴いて、笑いながら寝るときもある（そのためのお休み漫才コーナーもあることを知っているだろうか）。ラグビーの審判のまねも新幹線のまねも、もちろん電車の車掌さんのまねも秀逸だが、やはり私はイミグレーションのオフィサーのものまねではいつも大笑いしてしまう。

本当にいるのだ、そういうぶっきらぼうな人が。「ゆび！」も本当に言われる。スタンプの押し方も（少しオーバーだが）、そんな感じの人もいる。中川家そっくりな人に当たると思わずニッコリしてしまう。するとオフィサーも少しニッコリする。私のようなおばさんは危険がないのか、聞かれても「サイトシーイング」ぐらいで済んでしまう。もっといっぱい聞いてほしいのに。娘に言わせると、グアムやハワイのイミグレーションはとてもフレンドリーらしい。「ハァーイ！」って感じ。まぁ、リゾートだからね。

私の思う空港ベスト1はマレーシア、クアラルンプール国際空港だ。

まずとてつもなく広い。暇つぶしには事欠かない。中央広場のようなスペースには、就航している飛行機のかなり大きな模型が10機ほど展示されていて、飛行機への愛を感じてしまう。更に、クアラルンプール空港には熱帯雨林スペースがあるのだ。かなり広い植物園並みのスペースに出ることができ、空調から離れてマレーシアの熱帯雨林を身体で感じることができるのだ。入国した人はすぐに空港を後にするはず。するとそのスペースに足を踏み入れるのは、帰国してマレーシアを去る人たちだ。自国に帰る前のひととき、もう一度熱帯雨林を感じたい人には嬉しい心づくしではないだろうか。その設計をしたのは、日本人の有名な建築家黒川紀章である。コンセプトは「森の中の空港、空港の中の森」。素晴らしい！

以前、世界の空港を巡る「世界探訪！ＷＯＮＤＥＲ ＡＩＲＰＯＲＴ～やしま・ミチコの空辞苑～」という大好きなテレビ番組があった。私のベスト1が放映されないか楽しみにしていたら、やはり放映されたのであった。プロデューサーの方、お目が高い！ 放映された中で行ったことのある空港は、ベトナム・タンソンニャット国際空港、バリ・デンパサール国際空港、台湾・桃園国際空港、タイ・スワンナプーム国際空港、そしてマレーシア・クアラルンプール国際空港だった。入っててよかった！

エピソード11　海外Ｓクラスまでのホテル事情…都市型ホテルは印象薄！

飛行機はエコノミー、新婚旅行ではないから当然ホテルもＳクラスまでということになる。もともと観光が目的だから、ホテルは寝るだけのもの。Ａクラス以下でもいいくらいだ。だから海外のホテル事情と言っても、決して豪奢《ごうしゃ》なホテル紹介ではない。そういう本はたくさん出ているから他でどうぞ。

それにしても都市型ホテルはどこも同じ。印象薄《うす》である。例のごとく写真はたくさん撮るが、写真があってもほとんど違いがわからない。だからいきおい印象に残ったホテルを紹介しようとすると都市型ではない物件（物件というのかな）ということになる。

まずベスト1は、インドネシア、バリの「リサタ・バリ・リゾート・アンド・スパ」である。まさしくリゾート。ロッジ風の平屋の建物。ロビーは風が吹き抜け、リネンのカーテンがそよぐ。部屋までの長いアプローチには大きなプール（真ん中は深さが160センチもあり、

バリ（リサタ）

小柄な娘は「余裕で溺れる」と言っていた）、巨大なチェス盤（通るたびにポーンを動かして遊んだが、朝になるときちんと直っていた）、南国の色鮮やかな花々が咲き乱れ、マンゴーやスターフルーツ、マンゴスチン、ドラゴンフルーツがあちらこちらに美味しそうな果実をたわわに付けていた。まさしく絵に描《か》いたようなパラダイスだった。どこからともなく聞こえてくるガムランの少し切ないような複雑な音と、甘いがどこかスパイシーな香り、時間がゆっくり流れる、やっぱりリサタはいい、とてもいい。トレマカシー。

ベスト2は、同じくリゾートホテル、ラオスのル

アンパバーン、「ヴィラ・サンティ・リゾート・アンド・スパ」だ。コロニアル様式の白い2階建ての建物の2階が私たちの部屋だった。天蓋《てんがい》の付いたベッド、テーブルには青いリンゴと竜眼《りゅうがん》の一枝のウエルカムフルーツ。贅沢《ぜいたく》ではないが何かかわいらしい籐の家具。広い庭を歩くと、目にも鮮やかな緑の芝生にスプリンクラーが水晶の玉のような水滴を飛び散らせる。プールで遊ぶ子供たちを見ているだけで癒やされる。そして、何より従業員がとても素朴で心から気持ちのいい親切な人たちばかりだった。手を胸の前で合わせて「サバイディー」と挨拶し合うのが楽しかった。ラオスの良さが全て詰まっているようなホテルだった。コープチャイ。

ベスト3は、ベトナム、ホーチミンの「ルネッサンス・リバーサイドホテル・サイゴン」だ。サイゴン川を見下ろすロケーション抜群のホテル。部屋はごく普通の都市型だが、真ん中に吹き抜けのアトリウムラウンジがあり、開放感抜群！　高所恐怖症の私は覗《のぞ》けないが、娘は「すごーい！」を連発していた。フォーを食べすぎた私と娘はジムに行って1時間マシーンのはしごをして汗を流した。その後、屋上のプールへ。トロピカルジュースを透かして見たサイゴン川の遊覧船、ベトナムらしい喧噪《けんそう》、夜遅くまで続くドンコイ通りの賑《にぎ》わい、日々のストレスが雲散霧消《うんさんむしょう》していく思いだった。

寝坊した私と娘とは違い、夫は早起きだ。この日も早朝、ホテルの前の片道3車線の大通りを抜けてサイゴン川のほとりまで散歩しようとしたらしい。ところが、バイクと車で大混雑！大通りはもう交通渋滞。横断歩道や歩道橋などはなく（日本以外ではあまり歩道橋自体を見ない）、外国人には道路を渡るのが命懸けという有様《ありさま》になっていたらしい。しかし、地元の人たちは自動車やバイクやシクロの間を縫って、悠々と渡っていく（同じ早さで止まらずに行くのがいいらしい。足の運びを変えたり止まったりすると大変なことになる）。

しかし、そこは外国人の観光客。海外で交通事故になど絶対に遭いたくない。躊躇していたら、1人のシクロのおじさんが近づいて来たという。「私の後についてきたら、渡らせてやる」というようなことを言ったのだろう。夫は交渉成立とばかり彼の後にくっついて無事渡ることができた。おそらく1日分のシクロの稼ぎに相当するようなチップを貰って、おじさんはニコニコ顔で帰って行ったという。こういう稼ぎ方もあるんだと、私たちは感心しきり。

ベトナムの女性はよく働く姿を見るのに、男性は昼間から小さなプラスチックの椅子（私たちはそれを勝手にベトナム椅子と呼ぶ）に座って車座になり仲間と休んでいるのが目につく。このおじさんは今日1日の仕事を早朝10分ほどで終えたことになる。どうぞ、ベトナム椅子で休んでください。

変わり種の印象的なホテルも紹介しよう。

中国、杭州の「シャングリラホテル杭州」。

ロビーに巨大な水槽があり、西湖のかなり大きな鱒のような魚がぎっしりと詰め込まれていた。夜になるとみんな底のほうで寝ていた（敵がいないし）。


中国、澳門《マカオ》の「ホテル・リスボア」。

さすがカジノで儲けているホテル。アメニティーがブランドもの（詳しくないので、どこのブランドか忘れた）、トイレットペーパーが金色、バスタブも金色（ある意味、悪趣味）、カーテンもベッドカバーもモールのついたゴージャスなもので落ち着かないこと、この上ない。冷蔵庫の中のものも飲み放題だった。ラスベガスを抜いて世界一のカジノは、一見の価値あり。

アメリカのサスペンスドラマ「ＣＳＩ：科学捜査班」の舞台であるラスベガスのカジノは、いつもテレビで見ているのでよく知っている。かっこいい美男美女がすごいドレスでわんさか出てくる。お酒を運ぶのはバニーガール、ディーラーもイケメンか美女面（ｂｙまことちゃん）である。ところが、世界一のカジノ、澳門は違う。ディーラーは怖い顔をしたおばさんが多い。何より客層がすごい。子連れの中国人の普通のおばさんだったりする。男性も香港マフィアみたいな人より、普通のおじさんが多い。澳門ではカジノは庶民の娯楽なのか…と一瞬思いそうになったが、それは間違い。やはり賭けてる金額がすごいのだ。10万、いや１００万ぐらいは瞬く間に動いているように見える（詳しくは知らないけど）。

カジノの裏手には「押」の看板がずらり。「押」は質屋のこと。そこのお世話になりながら、有り金全部すってしまった人も大勢いたことだろう。しかし、逆に、一夜で大富豪になって人生が変わってしまった人もいるはずだ。そんな人が、1回6万円もする（いくら何でも高すぎないか?）マカオタワーのバンジージャンプをやってみようと思うのかもしれない（見学中、まだ若い人だが1人落ちていく人を見たなぁ。周りの人の歓声も、ただ勇気を褒め称えただけではなく深い意味があったかも…）。

コーディネーターが言っていた。地元の澳門の公務員がカジノに行ったら捕まるらしい。法律で禁止しているそうだ。ディーラーは人気の仕事で、専門学校もたくさんあり、高収入のため競争率がものすごく高いらしい。もちろんディーラーも賭け事禁止。つまり澳門のカジノは、厳しい法律のもと、堅実な澳門市民の職場の1つとして成り立っているのだ。

最近日本でも、大阪とか横浜とかカジノ誘致に動いている地方自治体が生まれており、賛否両論を巻き起こしている。公務員のカジノ出入り禁止やギャンブル依存症防止の医療システムの構築、地元民の雇用の幅を広げるなどの対策なしには進められない話だと思う。それ以前に賭け事をするために人が集まって来ることをどのように考えるか（競馬・競輪・競艇などの公営ギャンブルとはかなりイメージが異なると思うのだが）、価値観についての論議も充分に行うことが必要になってくるであろう。

カジノは異世界。空気まで違う。逢魔時に欲望と理性がせめぎ合う異世界。カジノに入ると当たり前に撮影禁止。ただし、遠景なら可。カジノを見下ろす位置に中華料理店があり、食事をしながらバックに撮影も可。焦点になる人を決めて人間ウォッチングをしていると時間を忘れる。

エピソード12　海外節約お買い物術…ものより思い出！

海外旅行に行き始めた頃は、本当に何でも買いまくっていた。買い物が大きな目的だった。免税店でブランドものも買った。ところが、今ではほとんど高額な買い物はしない。免税店にも行くがブランドものは買わない。買わなくても大丈夫。充分満足しているからだ。何かのキャッチコピー「ものより思い出」その通り！どうしても欲しいものは買っている。そうまでして欲しいものが、今はほとんどないのだ。思い出と非日常の時間だけで充分満足！

夫はどこへ行っても買うものが決まっている。迷わなくていいなぁと思う。まず地図、絵はがき、観光した場所のパンフレット、そして、思い出を反芻するための小さな置物（オブジェ・人形・ジオラマなど）と決まっているのだ。あんまりはっきり決まっているので、私のほうが先に見つけてあげたりする。ウルルやアンコールワットやボロブドゥールのウエイトは今でもすごい存在感を放っている。さすが…。

それに比べて私は基準が異なる。自分の記念がまず1つ、職場の自分のテーブルに飾って、チラチラ見てエネルギーにするのだ。例えば茶器やペン皿、メモ帳など。もう1つはおしゃれや美容に関するもの。バースデープレゼントとして夫に買ってもらったフェイスマッサージャー（関空の免税店で）、ムーンストーンのペンダント（スリランカの宝石店で）など、今でも誕生日を思い出しながら使っている。あと化粧品。買って本当に良かったと思うのは、オーストラリアで買ったホホバオイルである。娘や妹にも好評だった。顔にオイルを付けて保湿するという習慣は、このときに始めたものである。

初めての台湾で同じくバースデープレゼントとして革のハンドバッグを買ってもらった。有名な観光地、九份のｋａｎｓａｎという店で。素朴な革職人の老人の店である。無造作に店先に吊ってあったのだが、私のために作ったかと思うほど私の趣味にぴったり！「私を買って！」とそのバッグが言っていた。

ディスカウント不可ということだったが、欲しかったので定価で買った。それから12年間、すごく気に入ってヘビーローテーションしたが、とうとう持ち手がちぎれて泣く泣くお役御免となった。だが、好きすぎて捨てられず、未だに身近《みぢか》に置いてあるほどだ。それほど愛着があったので、2回目に台北に行ったとき、また九份に行ってその店を探したのだが、キャラクターグッズ店に変わってしまっていた。残念！　クリエーターのおじさんにお礼を言って記念写真を撮りたかったのに…。海外でこれほど気に入った買い物ができた私は、間違いなく幸せであると思う。プレゼントだったし（笑）。

あとは家族と職場へのお土産である。娘は海外のお菓子は決して食べない（口に合わないらしい）。だから、茶器であったりピアスであったり、パンダのぬいぐるみであったりする。親や妹へも、最近はお菓子ではなく、現地のスーパーで買った食品にしている。レトルトだとなお良し。外国語の説明を読むのが大変だからだ（自分も）。だから、現地に着いた初日は（自分たちで活動するので）、必ずと言っていいほどスーパーかデパートの食料品売り場に行く。自分が貰うなら、海外の珍しい食べ物で、なおかつ温めたら食べられるものがいいからだ。そのあたりは相手の立場になれば自ずとわかる。

温めるだけのトムヤムクン、温めるだけのグリーンカレーなんて最高！　日本にももちろん売っているけれど、現地のはちょっと違うのだ。値段も違う！　初日にそれを買ってしまえると、とてもホッとして、次の日からより楽しめるというものだ。それぐらいお土産は、気合いの入る大切なものである。

失敗したなぁ〜のお土産。

第1位、ベトナムのメコン川の中の小島で出来立てを買った砂糖菓子。帰国したら固くて食べられなくて、ひんしゅくもの（現地では美味しかったんだけどなぁ）。

第2位、お湯を注ぐと花が咲いたようになる台湾の花茶。ほとんど花が咲かずに処分（ばらまきに使おうと思って忘れてしまった）。

第3位、中国上海の硬いお菓子（免税店で買ったのだが。噛むと歯が欠けるような硬さだった。あれはお湯でも入れてふやかすのか？　未だに謎）。

あと、高かったのに1年しか持たなかった中国上海で買った絹の肌布団とか、本物かどうか微妙な中国大連で買った真珠のペンダントとか、あ〜っ、思い出すと××なのでこのコーナーはおしまい！

もっと買ってくればよかったなぁ〜のお土産。

第1位、カンボジアのTシャツ。たまらなく肌触りがいい、素晴らしいフィット感、1枚150円（もっと安いのもあった）という安価、気に入ってパジャマとして1日おきに着ていた。穴が開くまで着て、さよならするときは悲しかった。こんなに気に入るなら10枚ぐらい買ってくればよかった。

第2位、スリランカのスパイスガーデンで買ったヘアオイル。ペットボトルの中にスパイスの様々な種がいっぱい入ったもの。小瓶しか買ってこなかったので、ひと夏で使い切ってしまったが、髪がサラサラになりツヤも出て絶品だった（調子のいい現地スタッフを怪しんで小瓶にしたが、二度と行けないのに大瓶数本買ってくればよかった）。ちなみに、夫は体質改善サプリメントを1万2千円なりではりこんだが、効果はもひとつだったらしい。

第3位、ラオスのハンカチ。最近エスニック風のハンカチが大好きになり、思い出すのはラオスやバリの大判のハンカチ。どうしても欲しくて大阪千里ヶ丘の国立民族学博物館（みんぱく）のミュージアムショップで買ってしまった（現地の3倍以上の値段で。しかも飲み会のときになくしてしまった…）。

最近の旅行は個人旅行で、現地スタッフとネットで直接コースを組み立てる（もちろん夫が）ので、ツアーのように免税店や提携しているお土産ショップに連れて行かれたりすることがない。ゆえに、高額の出費はほとんどないから、その手のストレスもあまりない。それって意外に大切。その時間を自由行動に当て、更に有意義な時間を過ごすことができるからだ。

例えば、中国上海の東方明珠電視塔の歴史博物館が素晴らしかったので自由時間にもう1回ゆっくり行ったり、台北の故宮博物院の閲覧時間が少なかったので再度半日かけて見に行ったり、中国青島ビール工場に2回行ったりということができる。また、夫がリサーチした、ものコースにない名所や、博物館も回る時間が取れる（それがなかなか良かったりするのだ）。やっぱり「ものより思い出」。思い出はお金もあまりかからず荷物にもならず、税関でも絶対引っかからない（笑）。

エピソード13　思い出の残し方…アルバムは死ぬまでに処分！

1回の海外旅行で、写真を300枚から600枚撮ってしまう。

何しろ「ものより思い出」だから。その写真を整頓するとアルバム3冊ぐらいになる。我が家は本が数千冊はあるが、それらの本を追いやってアルバムが本棚の一部を占拠している状態だ（いつかリフォームして家の壁を全て本棚にするという計画はある。ただし、断捨離してから）。専《もっぱ》らアルバム作成は夫の役割。私の役割は、その厖大な写真の中から数枚を選び、百均で300円で買った額に入れて飾ること。それが1回目の旅行からの暗黙の不文律《ふぶんりつ》なのである。

まず、写真の選び方。

夫・娘・私のアップを1枚ずつ。

2人ないし3人の集まった写真を2枚。

世界遺産があれば、その特徴的な写真を2枚。

美味しかった食べ物を2枚。

街の写真を2枚。

…これでだいたい額がいっぱいになる。そしてすぐ見られるところに飾って反芻するのだ。次の旅行まで、これでまた楽しめる（リフォームしたら、家の壁一面に飾るつもり）。カメラ屋さんに持って行くときれいなアルバムに仕上げてくれるのはわかっているのだが、この作業が何とも楽しいので自分でやっている。

さて、私も夫も還暦を過ぎ、終活も考え始める年齢になった。

厖大なアルバムは、処分が大変なので後に残すつもりはない。自分の寿命を考えて夫と相談し、どちらかが1人になったら、じっくり見直す時間を持った上で、身体の動くうちに自分で一気に処分するつもりである。その役割は終えているからだ。そして、旅行の数と同じ数の額。それは、子供たちに処分してもらう。最期まで飾っておきたいから（今のうちから頼んでおこう）。もちろん、それ以外のものは、もっと早い時期に処分するから大丈夫。

最初に厖大な本をやっつける。次に衣類。その次は仕事に関するもの。その次に様々な小物。そして、旅行関係に移る。まず、夫が旅行のたびに買った置物。その次にアルバム。最後に写真の額の順である。つまり、海外旅行は今の私にとって本当に大切なライフテーマだということだ。ただし、子供が後で処分に困るようなものは残さない。旅の思い出は、最後まで楽しく美しいものであってほしいから…。

エピソード14　これから行きたい海外…どこへなりとも！

言わずもがな、当然どこへなりとも行きたいわけだが、特に行きたいところベスト3を挙げておこう。

まずベスト1、クロアチアである。あらゆる旅行番組で、ここ数年の間に脚光を浴びているアドリア海沿岸の東欧の国である。北はハンガリー。南はモンテネグロ。隣はセルビア。対岸はイタリア。プリトヴィッツェ湖群国立公園や首都ザグレブ、アドリア海の真珠と呼ばれるドゥブロヴニクなど7つの世界遺産を誇る、しかし観光慣れをまだしていない素朴さの残るこの国に、数年前から夢中なのだ。

そのきっかけになったのはテレビ番組である。まず、毎週日曜日午後六時から放送のＴＢＳ「世界遺産」。ＢＳ11金曜日午後7時からの「世界の国境を歩いてみたら…」。ＢＳ朝日火曜日午後10時「迷宮グルメ異郷の駅前食堂」。ＮＨＫＢＳプレミアム木曜午後11時からの「世界入りにくい居酒屋」。ＮＨＫＢＳ「2度目の旅シリーズ」（執筆時）…。とにかくありとあらゆる海外旅行番組を見ているが、その中で最も私の琴線に触れたのがクロアチアだった。

まずは、それぞれの番組の勝手な印象を。

「世界遺産」は、杏さんのナレーションが爽やかでいい。歴代どのナレーションも俳優さんがやっているがとても味わいがあって、アナウンサーさんが物足りないと言っているわけではないが、俳優さんの個性があってドラマチックだ。確か今は亡き緒形拳さんもナレーターを務めていた。もちろん素晴らしかった。

「世界の国境を歩いてみたら…」は、名前はわからないが好きなレポーターがいる。あつかましくなく明るすぎず、ほどよくかわいらしく嫌味がない。テーマがはっきりしているので、いい仕事をしているなぁといつも思って見ている。「クロアチアとセルビアの国境を巡る」という回は秀逸だった。

「迷宮グルメ異郷の駅前食堂」は、最近人気が出てきたらしく、見る目が肥えた人が増えてきたなぁなどと思う（どこから目線や）。芸人ヒロシに目を付けたプロデューサーがすごい。いい味出してる（なぜに上から？）。ヒロシが本当に前知識なしで素のまま海外を歩き回っているのがいい。彼がクロアチアの川の畔《ほとり》のレストランのテラス席で食べていた鱒のムニエルを食べてみたい。

「世界入りにくい居酒屋」は、なんといっても芸人いとうあさこの語りがいい。いとうあさこは好きな芸人さんだが、本当に嫌味がない。「イッテＱ」で彼女からたくさんの元気を貰った（最近の24時間テレビの駅伝マラソンのアンカーとしても素晴らしかった）が、この番組でもその語り口が何とも絶妙である（最近スッピンのように見えるが、何かの心境の表れ？）。

「2度目の旅シリーズ」は、室井滋がナレーションを担当しているが、それがまた彼女が個性的だから濃い！　そして、大概が若くてイケメンのレポーターが安い旅行代金で中身の充実した旅を組み立てる。そのコンセプトがいい。やっぱりイケメンがいい。松坂桃李に出てもらいたいが、有名になりすぎて無理だろう。ふっくんの息子はなかなかいいね。

話をクロアチア旅行に戻そう。クロアチア旅行に決めて3ヶ月も前から予約した。60日前特典を期待したからだ（以前オーストラリアで60日前特典でウルルのヘリコプター遊覧飛行が2人分タダになった。これはすっごくお得！）。ところが、申し込んで2ヶ月以上経った頃、その出発日の人数が集まらないということで旅行自体がキャンセルになってしまったのだ！　そんな理由ってある？　みんなもっとクロアチア行こうよ！　イタリアやめてクロアチア行こうよ！　と叫んだところで、どうにもならず。やはりイタリアに比べたらクロアチアはマイナーなのだろう。だからこそ行ってみたい国である。近いうちに絶対リベンジするぞ！

行きたいところベスト2は、ウズベキスタンだ。

ウズベキスタンは中央アジアの国で、旧ソ連の構成国であった。砂漠・シルクロードといえば、コンタクトレンズ装着者には辛い国だが、久保田早紀の「異邦人」という往年のヒット曲が浮かんできそうで旅愁をかき立てる。サマルカンド、タシケントという地名は教科書で習った覚えがある。

実は夫が一番行きたい国でもあるのだ。砂漠で満天の星を見てみたいらしい（私の田舎でも、夫の田舎でもかなり美しい星が見えると思うが、夫に言わせるとレベルが違うらしい）。はじめはそんなに砂っぽいところなんて…と思っていたが、最近無性にエトランゼエトランゼ（わかる？）してみたいので俄然順位が上がってきたのである。人間時にはそんな地に自分を置いてみたくなるものである。アウトドア大嫌い人間の私が、ゲルに泊まるのもいいかも…とまで思うようになるのだから不思議だ。チーズは美味しいだろうが羊の肉はどうも…などと、まだまだハードルは高い。だからこそいいのだ。

しかしながら、安全という点では、私としては心配な部分がある（夫は大丈夫と言うが）。ウズベキスタンの近くにはトルクメニスタン、そしてアフガニスタンという国がある。最近まで戦争があってアメリカが介入した国だ。何となく○○スタンという名前の国はちょっと怖いイメージがあったりする。更に西にはイラン、その隣はもちろんイラクだ。はたして安全なのか。外務省の海外渡航安全マップで危険度1以上じゃないのかと思ってしまう。撃たれたり、人質になったりしないか？と冗談抜きで心配してしまうのだ。夫は笑うが、１００％安全と誰が言いきれるだろう。

海外旅行を楽しむためには「世界平和」が必要条件であり、絶対条件である。平和でなければどこにも行けない。海外旅行に行きたいから平和であってほしいということではない。旅行だけでなく、平和でなければできないことが山ほど出てくるはずだ。平和でなくなったら、自由に何一つできないと言ったほうが適切だろう。世界各国どこへでも行けるというのは「世界平和」があってこそ。海外に行くと「世界平和」の大切さをひしひしと感じる場面に必ず出会うのである。

ベスト3は、ピンポイントでスペインのバルセロナである。

ここには娘と行きたい。「M&D、F付き」（母と娘、父が付いていても良し）というのが理想である。もちろんアントニオ・ガウディの軌跡をたどる旅である。

本とかテレビとかでいやと言うほど見た世界遺産サグラダ・ファミリアを直に見てみたい。外部の全てが曲線で描かれている建築様式は、見る者を魅了するという。「生誕のファサード」「受難のファサード」などをじっくり時間をかけて味わいたい（ツアーだときっと見学の時間が足りないだろうから、自由時間を全てここに当ててもじっくり見たい）。

そして、更に興味のあるのが、その内部である。写真でもテレビ番組でも、内部を詳細に説明したものに出会ったことがあまりない。数少ない内部の映像の中で、私は知ってしまった。サグラダ・ファミリアの内部は森を表現しているらしいのだ。確か、万博公園の太陽の塔の内部は生命の起源と進化を表現しているらしい（すぐにでも行けるのにまだ見に行っていない。ただし、大昔、大阪万博の年にリアルタイムで見たようだ。幼かったので全く覚えていないが、外見からは想像できない意外なイメージだったということだけはかすかに覚えている）。制作者が、外観と内部を全く印象の異なるものにしている場合があるのだ。

森を表現とは意外にシンプルだが、ネットによると「サグラダ・ファミリアの内部はまるでSF映画！　想像を遥かに超えたガウディの傑作！」とか「サグラダ・ファミリアは外観より圧倒的に内部のほうがすごい！」とある。私の興味はいや増し！　である。絶対見たい！　見てみたい！　サグラダ・ファミリアは１８８２年に着工してから２０２６年完成予定の未完の建造物である。着工当時は完成まで３００年かかると言われていたらしいが、建築技術の進歩によりその半分足らずで完成すると言われている。

２０２６年と言ったら、もう数年後じゃないか。栄光のファサードが完成したら、もう完成なのだ。そうなったら大変なことになる。完成する前は「未完のサグラダ・ファミリアを見る最後のチャンス！」とか、「世界最大の工事現場、足場の着いたままのサグラダ・ファミリアを見よう！」とかのツアーを旅行会社が組むだろう。完成したらしたで、当然「サグラダ・ファミリア完成記念ツアー」である。どちらにしても、見に行きにくくなる。並ぶ列が数倍長くなるのは必至《ひっし》だ。完成まで数年を残した今がチャンス！（私は旅行社か！）だ。

ベスト１・２・３の中で、最も早く実現すべきはこれだろう。アントニオ・ガウディよ、待っていてくれ！　サグラダ・ファミリアの何万分の一かのレプリカがうちのリビングに飾られる日もそう遠くはない！

付録

私のバゲージの中身
過去13年分の海外旅行歴
こぼれてた話

【付録1】私のバゲージの中身

海外旅行も回を重ねるごとに、バゲージはシンプルになってくる。「慣れ」とは素晴らしいもので、今のほうが荷物は格段に少ない。

夫はそれでも持って行きすぎだと言う。出発のときからトランクがいっぱいなんてありえないと言う。そういう夫は1週間以上の海外旅行でも、2、3日の国内旅行と変わらない驚異的な荷物の軽さである（まぁ、女性は男性より何かと必要なものが多いのだ）。

大概の場合、こっそり私の持ち物も夫のトランクに何食わぬ顔で忍び込ませている。どんなに長期間でも、トランクは大1つ（近場は中1つ）、機内持ち込み用たすき掛けバッグ1つの2つだけである。お土産も、空港でトランクを預けるときまでに中に入れてしまう。免税店で買った袋を持つのが嫌なので、先にお土産を買ってしまうのだ。旅は身軽が一番！ 帰りに疲れた身体で荷物をいっぱい持つのは避けたいと思っている（ただし、私は海外旅行は全く疲れないので、夜間飛行で関空に朝の6時頃着いて、そのまま9時に出勤したこともあったが、夫は何かと私の分も気を遣うので、帰国した日は1日使いものにならないと言う）。

■大トランク（飛行機のお腹に預ける）

それぞれを1つないし2つのポーチにまとめて入れているので、入れるのも出すのも簡単。旅行に出発するときに足りないものを補充するだけ。ホテルに着くとポーチごとバスルームに置いて使う。使うのも片付けるのも簡単。

薬類……正露丸／ストッパ／ロキソニン／プレコール／サクロン／肥後スッポンもろみ酢／ビタミン／チョコラBB／制汗スプレー／汗ふき（夏）／携帯貼るカイロ／持つカイロ（冬）／除菌シートなど

衣類……着替えイラストに応じた服・下着・靴下など

＊日にち毎に着る服のイラストを描いて最低限必要な服だけ持って行く。夏はいつもTシャツをもっと持って来たらよかったのに…と思い、冬はこんなにセーターいらないのに…といつも思うのである（これってあるある?）。

化粧品……化粧水／栄養クリーム／ファンデーション／BBクリーム／パウダー／メイク落とし／ボタニカルオイル／アイクリーム／リップクリーム／マスカラ／マスカラ下地／パック／日焼け止め／ヘアミスト／ヘアオイルへアブラシなど

＊普段はシンプリーストレートで中年から天パーになった髪をストレートにし

ているが、気分転換で海外では天パーのままにしている。それからは、ヘアケアのストレスは皆無。重いヘアアイロンも不要。

入浴関係…歯磨き／歯ブラシ／シャンプー／リンス／コンディショナー／ヘアクリーム／ヘアスプレー／石けん／ナイロンタオル／毛抜き／カミソリ／ヒモ／洗濯ばさみ／針金ハンガーなど

＊アメニティーがなかった場合、また肌に合わなかった場合のため

その他……万国変圧器／スマホ充電器／洗剤ミニ袋／ポケットティッシュ／ハンカチ／水着一式／マスク／小バッグ／運動靴／アクセサリー／熱さまシート／足裏マッサージシート／フェイスマッサージャー／コンタクト洗浄液／コンタクト予備／コンタクトケース／メガネ／メガネケースなど

■たすき掛けバッグ（機内持ち込み用）

・ツーウェイ財布（正露丸／ストッパ／ロキソニン／プレコール／日本円／お土産メモ／トランクの鍵／ペン／メモ帳内蔵）
・スマートフォン
・ミニ鏡／化粧ポーチ（パウダーコンパクト／アイライナー／アイブロー／リップス

ティック／折りたたみ櫛）
・喉スプレー／ヴィックスドロップ
・あぶらとり紙／ハンカチ／ポケットティッシュ
・電動ミニ歯ブラシ（これは食事のたびにとっても役に立つ）
・手袋／マフラー（夏は夏用を両方持つ）
・日焼け止めスプレー／サングラス／帽子
・除菌シート／ウェットシート

＊夜間飛行の場合、プラスするもの
・メイク落とし／シート化粧水／シート美容液／アイクリーム
・ＢＢクリーム（夏は日焼け止めクリーム）
・コンタクト洗浄液／コンタクトケース
・メガネ／メガネケース
・フェイスタオル

■夫のバッグ（許可を得て入れさせてもらうもの）

・パスポート
・現金
・デジカメ
・ポケトーク
・機内や待合室で読む本（重いのにゴメン）
・チョコレート／飴
・エコバッグ（荷物が増えたときのため）
・折りたたみ傘／百均レインコート
・汗ふき（夏）
・エアピロー／機内用スリッパ／耳栓

前述の通り、以上のものは分野別にポーチに入っているので、衣類以外は直前に足りないものを補充する。ポーチは、そのままバスルームに持って行って置くだけ。現地でもとても便利。パッキングも早い。ゆえに旅行準備は超短時間に終了。ただ、1～2週間前にトランクをクローゼットから出して準備をするのが、また楽しいのだ。女性にとっては旅行に出発する日までの準備から、楽しみが始まっているのだ（夫は前日準備でも間に合う）。

【付録2】過去13年分の海外旅行歴（世界遺産）

1. 台湾…台北
2. 中国…上海
3. 韓国…ソウル（宋廟／水原華城）
4. 中国…大連
5. ベトナム…ホーチミン
6. 韓国…ソウル
7. インドネシア…バリ、ジョグジャカルタ（バリの水利システム／プランバナン／ボロブドゥール）
8. 台湾…台北
9. マレーシア…クアラルンプール、（マラッカ、ペナン）
10. 中国…杭州（西湖）
11. 韓国…釜山（慶州／仏国寺）
12. 中国…北京（万里の長城／故宮／頤和園／天壇／明の十三陵）

13. 中国…香港
14. ラオス…（ルアンパバーン）、ビエンチャン
15. 中国…澳門（マカオ歴史地区）
16. カンボジア…シェムリアップ（アンコールワット寺院群）
17. 中国…蘇州（蘇州古典庭園／京杭大運河）
18. 台湾…台南
19. 中国…青島
20. タイ…バンコク、アユタヤ（寺院群）
21. 中国…厦門（客家土楼／コロンス島）
22. オーストラリア…（ウルル）、ケアンズ（カタジュタ／グレートバリアリーフ／キュランダ）
23. 中国…広州（開平）
24. スリランカ…（アヌラーダプラ、キャンディ、ポロンナルワ、ダンブッラ、シーギリヤ、ゴール）
25. 中国…桂林（丹霞地形／中国南部カルスト）

【付録3】こぼれてた話

夫に過去13年分の海外旅行歴を作ってもらった。「○○と▲▲の海外旅行の軌跡」とか銘打ってあってちょっと照れた（笑）。こうやって見てみると、エピソードナンバーを打つほどではないが、勝手な思いつきならもっと語ってみたい内容が見つかったので、付録3の稿を起こすことにした。

全くの私見であるので、「そんなふうに思う人もいるのね」的な軽いノリで読んでもらえたらと思う。

1．大韓航空の水引？

大韓航空のCAさんのまとめ髪には、必ずブルーとグリーンｏｒホワイトの細い水引のような飾りが付いている。それがつるんと瓜実顔《うりざねがお》で黒髪ストレートのCAさんによく似合って美しいのだ。韓国の女性は顔の毛剃りをしないと聞いた。それなのにあの透明感とすべすべ感は素晴らしいと思う。ただ、年配になると揃って髪にパーマをかけ、彫りの深い顔付きになるような気がするのは私だけ？　そう言えば子供の頃のロシアの女性は天使のようにスマートで真っ白で美しいのに、年配になると巨大になる人が多いように思うのも気のせい？

水引のような飾りの先はピンと直線で、正面から見ると、小さな顔の真ん中より少し下側のちょうど良い場所の横に少しだけ飛び出して見える。小気味いいその髪飾りが私は大好きで、大韓航空に乗るといつもしばらく眺めてしまう。曲線と直線のバランスの良さ、柔らかさときちんと感の両立、相反するもの同士が絶妙の快さでそこにある。優しさと凛々しさの共存を見る思いである。

その他の飛行機に乗っても、ＣＡさんたちが揃って同じ髪飾りをしているのを見たことがない。その統一感は、韓国の文化の１つかもしれないと思っている。

2. シンガポール航空は超ボディーコンシャス

バレリーナかモデルか、はたまたＣＡさんかと言われるぐらいスリムで背が高いＣＡさんたちが、制服姿でキャリーバッグ（私が持つとゴロゴロというネーミングがぴったりだが）を転がしながら、関空の動く歩道の横を早足で歩いているのを見ると、芸能人でもないのにドキドキして思わず見とれてしまう。美しいなぁといつも思う。

中でも、シンガポール航空（まだ乗ったことはない）の制服はすごい。紺地に縦縞の小花模様のツーピース（私の身体の厚みの半分しかない！）。スカートはもちろんタイトのロング。身体の線がくっきり出るユニフォームに身を包んだＣＡさんが正面のスリットから長くて細いおみ足をチラ見させながら（本人にはその気はないが）集団で歩くと、空港の通路はまるでモデルさんが歩くランウェイのようだ。

もう１つ、ガルーダインドネシア航空の民族衣装のようなロングのユニフォームも、そのはっきりした顔立ちとともに目を奪う美しさだ。最近、もっと民族衣装色の強い、まさしく「クバヤ」の、更に美しいユニフォームに替わったらしい。

３．台湾の焼き物の街「鶯歌《イングー》」

このときは初めての海外旅行だったので、両替えするタイミングを逸したまま、間もなくバスに乗せられ、最初に着いた観光地が「鶯歌」という、前知識も何もない焼き物の街だった。

exchangeの看板を探したが見つからず、頼みの綱はバスの中で渡されたサービス商品券のみ。さぁどうするか。We have no moneyな態度などおくびにも出さず、まぁまぁな度胸で焼き物を見まくり、信楽焼と比べたり九谷焼と比べたりして楽しんだ。

コンビニに入り商品券でキャンディ缶を買い、お釣りは出ないはずなのに飴を2つ貰った。それが全く味わったことのない味で、外国に来た実感を噛みしめたものだ。それからは、関空でも少しは両替し、現地の空港でもすぐに両替し、足りないときは街角で米ドルに換えたりもした。夫は今どれくらいの種類の通貨のコレクションを持っているのだろう（最近は関空で両替する必要がないとか言っていたから）。

私は全く現地のお金を持たないので、お札の形状などほとんど記憶に残っていないが、プラスチック製かと見まごうほどの硬いお札や、色彩が変わるもの、一部がナイロンのようになっているものなど、いろいろだ。印刷されているものも、その国の権力者であったり、動物であったり、植物であったり、建物であったりする。詳しく研究するとおもしろいテーマかもしれない。いかんせんお金に興味のない私には難しすぎるテーマだ。平気で外貨で買い物ができる夫はすごいなぁと思ってしまう。電卓も使わずに…。

4. 台湾の噛み煙草「ビンロウ」

台湾の観光地と言えば、「故宮博物院」と「九份」だろう。

故宮博物院は想像の10倍すごい！　北京で故宮に行ったが、天安門広場の前の壮大なる建造物としての価値は計り知れないが、所蔵されている美術品の多くは中華民国が台湾に移るときに持って行かれたのか、故宮博物院のほうが断然見応えがある。また展示のしかたが美しい！　中華人民共和国の人たちは、台湾に流れた多種多様な美術品の多くを複雑な思いで見ることはないのだろうかと、冗談抜きで思ってしまう。

東坡肉そっくりの石の彫刻や白菜の上にバッタが乗った彫刻は超有名だが、それだけではなく恐ろしく細かいところまで精巧に彫られた、人間業《わざ》とは思えない彫刻の数々（それ以外の美術品も素晴らしく、1日で見るのは惜しいくらい）は必見である。私たちは2回行き、ミュージアムショップでしゃれたレプリカを求めて来たものだ。

同じく2回訪れたのが、九份である。1回目はツアーだったので、なぜか早朝に訪れた。なぜに早朝？　やっぱ夜の九份でしょ。…と2回目は念願の夜の九份を訪れた。阿妹茶楼《あめちゃろう》の夜景、大きな茶瓶と茶器になみなみとお湯を注いで頂く中国茶も、ここで飲めば街の茶館で飲むより断然雰囲気がある。お腹をタップタップにしながら、中国茶を楽しむことができたのである。

もちろん、中国茶葉と茶器を手に入れたのは言うまでもない。その後、日本に帰ってきてから も、琵琶湖畔の中国茶寮「喫茶去《きっさこ》」に思い出を訪ねて何度も訪れることになる。流行《はや》っているらしく、訪れるたびにメニューが増えたり、増築したりしていて、中国茶愛好家が増えているのは何だか嬉しい（阿妹茶楼はあの『千と千尋の神隠し』の湯屋のモデルになったらしく、なるほどノスタルジーを感じるなぁとそのときは感心しきりだったが、前述の中国、杭州の記憶によって吹き飛んでしまった）。

早朝に訪れた1回目。道端に赤い液体のようなものがあちらこちらに落ちているのに気が付いた。コーディネーターに聞いてみると、それは噛み煙草の一種「ビンロウ」を吐き捨てたものだということが判明した。都市部ではその習慣も廃《すた》れたが、九份のような郊外では、地元の人たちの一般的な嗜好品として今でも愛好されているらしい。そう言えば、バスで九份まで山を登ってくるとき、「ビンロウ」という看板を掲げた店が並んでいたような気がする。「迷宮グルメ異郷の駅前食堂」のヒロシがどこかの街の屋台で噛み煙草を試していたが、あれは東南アジアだったたか。赤くなかったたからビンロウではないだろう。かなりまずそうだった。所変われば いろいろだが、庶民のちょっとした楽しみはどこにでもあるのかもしれない。ただ偏見だと思うが、おじさんならいざ知らず、女性がビンロウを噛んで道端にペッと吐き出すのはいかがなものか…。

私たちが行ったときは廃れて遺跡のようになっていた劇場が、近年改築されて実際に演劇が上演されているとテレビ番組で知り、何だか嬉しかった。古い街並みというのは、やはり何だか落ち着くのだ。台湾では、台南の古い街にも行った。中国でもあちらこちらで訪れている。夫の趣味でもあるが、それに感化されてノスタルジーに浸る癖がついてしまった。単なる懐古主義ではなく、昔の自分の幼年時代や青春時代が投影でき、その頃の今よりは純粋な自分の姿や思考を振り返ることができるからだろうか。

5. 台湾の乾物エリア「迪化街《ディーホアジェ》」

台湾に着いて、桃園国際空港（当時はまだ、中正国際空港と呼ばれていた）から市街地へ向かう車の中で、まず日本との相違点で驚いたのが、バイクの多さだ。

200を超えるものすごい量のバイクの群れが、交差点の停止線の前で列を成している。列をと言っても、台湾には自動車の停止線の前に10メートルほどのバイク用の停止線があるのだ。通勤時間でもあり老若男女入り乱れて多種多様なバイクが並び、青信号に変わると同時に一気に川のように流れ出すのに圧倒されたのである。1回目に訪れたときは、バイクの中に自転車も交じっていた。3回目に訪れたときは、もはやバイクより自動車のほうが目立っていた。たった10年ほどの間にいかに台湾が発展したかを、そういう点でも垣間見ることができる。

くだんのバイクの人たちが揃って身に着けているものがある。1つは真夏でも手袋。これは日焼けと安全対策だろう。もう1つが鮮やかな様々な柄のマスクである。日本ではマスクは最近になってピンクやブルーも出てきたが、やはり白が大多数である。台湾には逆に白が見当らない。花柄、幾何学模様、縞模様、キャラクター模様、そして真っ赤や真っ黒も多い。とてもおしゃれである。街にも色とりどりのマスクを売っている店がコンビニの数ほどある。それだけバイクを利用する人が多いということと、排気ガスから身を守ることに注意しているということだろう。

さて、台湾に行ったらツアーのルートになくても是非行きたくて、自由時間にタクシーを飛ばして訪れたのが、乾物エリア「迪化街」である。高価な干鮑や干海鼠《なまこ》を探しに行ったわけではない（そんなものは高くて買えない）。乾物と並び有名な漢方薬のお店を覗いてみたかったのだ。テーマはもちろん「痩身薬（この字が合っているかどうかわからない。たぶん違っている）」。

「迪化街」は街中が漢方薬と乾物屋さんの集合体。身体に良さそうな匂いと、何となくノスタルジックな街並み。日本人には1人も会わなかったけれど、ここは一見の価値ありだと思うなぁ。特にナッツ類や乾物を買いたい人、漢方薬を買いたい人（薬の名前がしっかりわかっている人）は免税店や観光客向けの土産物屋より断然いいと思う。店先に溢れんばかりに並ぶ乾物の袋を見たり、街を歩くだけでも楽しい（あんなにたくさんの鮑や海鼠や竜の落とし子の干物、蛇の干物、海星《ひとで》の干物、高麗人参の束を見たのは初めて）。

6．中国、大連で「満鉄」とマトリョーシカ

中国東北地方「大連」を訪れた日本人観光客はそんなにいないかも。ましてや冬だったので寒い！ 海の近くなので内陸部ほどではないが。

少し北に向かえばロシアという位置にある。昔、ロシアが進出していた歴史があるため、街の様子はどこかロシア的？（ロシアに行ったことはないが）で、石造りのビルや街灯のデザインが中国的ではないような気がする。民家の建物などは洋風な感じ。深緑の2連の路面電車は欧風だ。ロシアの影響を受け、ロシアとの混血も進んだからか、大連には有名なモデル学校があり、男女ともに背が高くスリムな美男美女が多いと言われている（テレビでも特集番組が組まれていた）。本当はそのモデル学校を見学したかったのだが、コースには入っておらず、代

わりに夫の趣味の「大連満鉄旧跡陳列館（満鉄博物館）」に行くことになっていた。

第二次世界大戦中、旧日本軍がこんなところにまで侵出していたのだ。大連は、日露戦争の激戦地であり、統治していた日本軍が撤退した戦争遺産の残る街である。その大陸侵略を推し進める原動力になったのが満鉄であり、また後の大連の近代化にも寄与したであろう戦争遺産が満鉄であると言える。

私はここを訪れるまで満鉄のことを深く考えたことはなかった。教科書で勉強しただけだった。こんなに日本から遠く離れた寒い場所で、鉄道という、大工事の必要なインフラを造った、当時の人間の力に驚くばかりである。工事には現地の中国人も強制的に従事させられたであろうから、この博物館を複雑な思いで見る中国人もいるはずである。受付の女性はとても親切だったが、わざわざ日本からこの博物館に訪れる日本人の私たちをどんな思いで見ているだろうと思ったりもした。

博物館を出ると日本語が聞こえた。1人の日本人の若者が満鉄博物館を見学しようとして受付の女性に断られ、日本語のわかる私たちのコーディネーターに助けを求めてきたのだ。しかし、残念ながら、他の博物館のように急に来てすぐに入れる博物館ではなかったらしい。その日は休館日（?）で別の日に申し込んでくださいと言われていた。もう少し早く来ればよかったのに。身分証の提示（パスポートでいいと思うが）や、閲覧希望理由も書かされるようだった。それにしても、若い旅行者が、あえて満鉄博物館に足を運ぶのはとてもいいことだと思う。もう少し、その若者と話していたい気にさえなったのであった。

大連の街にロシア人街があり、その露店でマトリョーシカを売っていた。鮮やかな赤や黄色の着色されたものが多かったが、中に1つだけ白木に焼きごてを使って模様を描いた珍しいマトリョーシカを見つけた。ある意味、日本の水墨画にも通じる日本人好み（いや、もともとの中国人好みなのか）のデザインに驚き、すぐに求めて今もリビングに飾ってある。地味でシックなマトリョーシカだが、中身はしっかりどこまでいってもマトリョーシカだった。

7. マッサージ天国？ 台湾・ホーチミン・ペナン・インドネシアそしてタイ

私は、日本ではエステに1回しか行ったことがない（北海道への職員旅行のときだったか）が、マッサージはかかりつけの内科医院で10年前ぐらいまではしょっちゅうやってもらっていた。だからというわけでもないが、海外に行くとマッサージに行きたくなる。もちろん日本では考えられないほど安価だからだ。現地の人には悪いと思うが、それもまた現地にお金を落とすことになるのだから良しとしようと思っている。それに、どうしても歩き回るので足にこたえるのだ。また、最近はそうでもないが、10年前ぐらいは、四六時中ひどい肩凝りと頭痛に悩まされていた。海外でメンタル的にリラックスして、かつ身体をほぐしてもらうというのは、旅行の大きな目的の1つでもあるわけだ。

台湾では、足裏マッサージと全身マッサージに行った。ツアーに組み込まれた足裏マッサージは、テレビでやっているように「ギャーッ！」と叫ぶような痛さもなく、ただペディキュアをもっときれいにしておけばよかったとか、ムダ毛の処理は大丈夫だったかとか、そんなことばかり考えて落ち着かなかった。自分でリサーチして行った全身マッサージは、どこが痛ければどこが悪いか、生活のどの点に気を付けたらいいのかが、日本人用の説明パネルに詳しく書かれていてわかりやすかったのを覚えている。足がいかに大事かも理解できた。施術してくれたおじさんが、いかにもという感じの人だったのも良かった。が、未だに疑問なのが、なぜ足の裏とそれぞれの内臓が繋がっているのかということだ。どうしてもわからない。血管が繋がっているから？　でも、なぜまるで地図のように。足の裏のここが胃、ここが肝臓なんて、どうして配分されているのだろう？　足の裏と内臓はあんなに離れているのに…。

ベトナムのホーチミンでは、おばさんに身体中揉まれてフラフラになった。ショーツだけしか身に着けてなかったので、落ち着かないし恥ずかしくてたまらない。隣の娘もヘロヘロだったと思う。ただ、皮膚の中で細胞が混ぜられて新しく生まれ変わったようなスッキリした感じがした。それと、終わった後に飲まされたカリンジュースのようなものが実に美味しかった。

ペナンでは、若い女性だった。所変われば担当者もいろいろだなぁと思ったり、こんな若い女性（寧ろ女の子って感じ）は、おじさんが相手だったら嫌だろうなぁとか、いやチップをはずんでくれるから寧ろいいかなぁとか、危ないことはないだろうかとか、いろいろ想像してしまった。ときどき現地の言葉で小さな声で無駄話？をしてクスクス笑ったりして、本当にかわいらしかった。少ないチップを胸の前で丁寧に受け取って、「ありがとうございます」とたどたどしい日本語でお礼を言ってくれて、変な想像をしていたこっちが恐縮してしまった。

インドネシアでは、ホテルの中のしゃれたサロンだった。気持ち良さに思わずウトウトしてしまったほどだ。光を落としたランプの灯り、心地良い自然の風、かすかに聞こえるガムランの響き、ほどよい甘さのアロマの香り…全てが映画のワンシーンのようだった。ある種の理想郷。さすが日本人好みのリゾートである。かゆいところに手が届くとはこのことか。

そして、タイ。タイはマッサージそのものが他とは一線を画している。タイ式マッサージはハードだ。背骨を反らす、腕をねじ曲げる、首を引っ張る…歴史あるタイ式マッサージは、もともと寺院で僧侶によって構築された医術である。タイの寺院には、科学的に施術を説明したパネルが展示されている。あらゆる動きにもちろん意味があり、効能があるのだ。それにしても、痛くはないが2時間コースだったためとにかくハード。終わるとヘトヘトで、顔面や頭もマッサージされるので、メイクが落ちて髪の毛はバサバサで目も当てられぬ状態。できれば化粧室があってほしかった。そのまま外に出るのはあまりに恥ずかしい。身体はほぐれたかもしれないが、余計に疲れたかもしれない。噂のタイ式、体験したぞ！

とにかく国によってマッサージもいろいろ。比べてみると、それぞれの国の国民性の一端が垣間見えておもしろいかも。行くときは、ムダ毛をきちんと処理して、足の裏の角質も取って、できる限りきれいにしてから行きたいものだ。あぁそれから、チップを渡すのを忘れずに。

8. 韓国の「汗蒸幕《ハンジュンマク》」はちょっと苦手…

韓国へ行ったら一度体験してみたかった「汗蒸幕」。「おもしろいように垢が出て、お肌ツヤツヤ、本当にひと皮むけてスッキリする」と聞いていたので、期待いや増しで出かけたのだった。もちろん、本当に「ひと皮むけてお肌ツヤツヤ」、韓国女性のようにつるり卵肌とは言わないが、それに近い状態にはなったかも。今まで自分でしたことのないほどきれいに身体を洗ってもらって、その充実感はハンパない！

ただ、先に体験した娘が言っていたことが頭をよぎる。「なんとなくちょっと苦手」…確かそんなことを言っていた。その意味するところが、実際やってみてよく理解できたのであった。やはりこれも国民性の違いか、ＤＮＡに組み込まれたものではないだろうか。結論から言うと、赤ちゃんや子供でもないのに、垢すりをされるということがどうしても恥ずかしいのだ。広い場所で（銭湯やスパならみんなが裸だから諦めもつくが）、着衣の人がいる中で、すっぽぽんになることにどうしても違和感が拭い去れないのだ。

まず、小さめの体育館ほどの場所に案内される。シャワーを浴びて薬草の入った直径３メートルほどの丸い湯船に10分浸かる（『千と千尋の神隠し』の湯屋の湯船そっくり）。一次ふやかしといったところか。次にまた直径３メートルほどの丸いかまくらのようなところに案内される。その間、施術される者は素っ裸である。隠すタオルもないのでしかたなく堂々と歩く。かまくらの中はサウナになっていて、藁のようなものを身体に巻き付け、ものすごく熱い中10分ほど蒸される。二次ふやかしか。その後、シャワーを浴びていよいよ垢すり台に上らされる。

そして、まるで子供のように垢すり用手袋で、身体の表、裏とゴシゴシ洗われるのだ。手の指の間も、足の指の間も。恥ずかしくてどれだけ垢が出たかも見ていない。オプションで足の裏の角質取りもしないかと言われたり、眉のタトゥーを入れないかと言われたが却下。とにかく早く水が飲みたかった。ところが、前述のように私は現地のお金を一銭も持っていない。全て夫の元にあるのだが、当然男女は別の休憩室である。困った！　でも、男の人は早風呂だ。もう出てくるだろう。と、思ってから約1時間。なんとオプションの角質取りまで済ませた夫が出てくるまで、カラカラの喉の渇きを我慢することとなったのである（その後の夫婦げんかは想像にお任せする）。

9. 韓国、慶州《キヨンジユ》の「仏国寺《プルグクサ》」は日本の東照宮陽明門？

三度目の韓国では、釜山ツアーの自由行動の日にコースにない慶州にまで足を延ばした。近くにある世界遺産の仏教寺院「仏国寺」にも立ち寄った。

さすが世界遺産。その全体の重厚さ、内外の装飾の素晴らしさ、目を見張るものがあった。

特に内部の天井に、日本の寺院では見られない内側に張り出す、まるで飛び出したうだつのような大きな装飾に驚いた。かなりの迫力である。そして、寺院の屋根の精密な装飾にも感動！「どこかで見たぞ！」と思ったら、かの有名な日光東照宮陽明門によく似ているのだ。それもリフォーム前の。塗りの色が、少し薄くなってきた頃のあの味わい深い感じと共通している気がする。

海外で寺社仏閣を観光すると、だいたいが日本より派手で華やかすぎて、日本の寺社仏閣の奥ゆかしさというか静の美というかが懐かしく思えてしまうことが多い。「やっぱり日本がいいよね」みたいなことになるのである。ここ仏国寺は日本の寺に似ているが、もちろん日本ではない。なのに、両者に共通する美がそこにはあるような気がする。韓国で華やかな寺々に食傷気味の人は、是非立ち寄ってみてほしい。世界遺産に選ばれた韓国の美とともに、日本の美も同時に再発見できるかも。

10.ベトナムの温かいチェーと電線玉

ベトナムに行ったら、あのチェーを食べたい！

それがベトナム旅行の目的の1つでもあった。ガラスの縦長のグラスに、白玉と小豆と寒天ゼリーといろいろなフルーツがいっぱい、その上に砕いた氷をたっぷりのせて、シロップと練乳をかけた冷たいスイーツ、それこそが私たちの頭の中に像を結んでいたチェーだった。

ところが、ベトナムで出会ったチェーは、全く想像だにしない代物だったのだ。ツアーのコースのパンフレットに「カフェでチェーのおやつ」とあり、自分たちのチェーのイメージを疑うことをこれっぽっちもしなかった私たちの前に、実際に出てきたのは、白くて平たい皿の上に白玉よりやわらかく、わらび餅よりは硬い食感の物体、更に生ぬるい。ち、ちがう！　と私たちは顔を見合わせたのであった。「ええっ！　これがチェー？」と口に出していた人もいたが、そこは上品で優しい（いや、シャイなだけ）私たち家族は、静かに見つめ合うだけだった。

私たちがイメージしていたのもチェー、ここで出たのもやはりチェー。つまりベトナムでは温かくてもキンキンに冷やしていても、芋類（白玉じゃなかった）、豆類、フルーツの入ったスイーツはチェーなのだ。そんなこと知らなかった！　でも、日本のツアーなのだから、日本人好みの普通のチェーにしてほしかった。それから先、思った通りのチェーに出会うには、まだもう少し時間が必要だったのである。

ベトナム、タンソンニャット国際空港から初めて市街地に出て度肝を抜かれたのが、電線玉である。どこに行っても電柱に直径60センチほどの電線玉が、まるで鳥の巣のようにくっついているのだ。はじめは何かわからなかった。それが電線もしくは電話線だとわかったとき、ベトナムの高度経済成長の軌跡を見る思いがしたのである。きっと急に電線や電話線が増えたのだろう。増え続ける回線を素早く設置するには、どんどん絡ませていくしか余裕がないほどだったのだ。それにしても、なんて無計画な。もしもどこかが断線して直すとき、どの線かわからないじゃないか…と素人《しろうと》は思ってしまうのだが。何かいい方法があるのかな。いや、きっとあるのだと思いたい。モンスーンが来て、暴風などで切れたときのことをあまり想像したくない。そう思わせる電線玉であった。

日本の大都会、東京の隣の県、千葉でも、台風で電線が切れるという被害があり、停電が全て解消されるまで1ヶ月以上かかったというのに。絡まってにっちもさっちもいかなくなっているのが電線だけであってほしいなどと、勝手なことを思う私たちであった。

11. ココナッツジュース大好き！ パパイヤとパパイヤサラダは別物

真夏に東南アジアを旅行することが多かった私にとって、道端にどこでも売っているココナッツジュースは本当に救世主のようなものだった。

ベトナム

炎天下に置いてあってもその厚い殻のおかげで思いの外《ほか》冷たく、外気温でカラカラの喉にはそのサラサラのクセのないジュースは、水よりも美味しかった。レストランではキンキンに冷えたココナッツジュースは、生ビールよりも喉に心地良い。東南アジアでは本当にフルーツだけを搾ってあり、余計な糖分やソーダも入っていない。だけど、どこで飲んでもたまらなく美味しい。リンゴジュースもスイカジュースもメロンジュースも、決して裏切らない美味しさである。日本にも搾り立てを飲ませてくれるフルーツサーバーはあるが、何かが違う。そのフルーツの味そのものも違うのだろうが、やはり赤道に近い太陽の光と熱のなせる業であろう。その中でもココナッツジュースは秀逸。大きすぎるくらいのココナッツを選んだほうがいい。中身のジュースは見た目ほど量がないからだ。

次にパパイヤだが、日本のもののようには甘くない。熟す前に収穫する東南アジアの青パパイヤは果物というより寧ろ野菜の扱いを受けている。まだ硬い状態のパパイヤを千切りにし、同じくキュウリの千切りと混ぜてサラダにしたもの（ソムタム）がレストランではよく供される。確かに歯触りはシャキシャキで爽やかで、脂っこい料理の付け合わせとしては最適かもしれない。

ただ、私は苦手なのだ。噛んでも噛んでも口の中に残るあの繊維質が、ココナッツを割ったときに殻にへばりついている茶色い麻布のような繊維を思い起こしてしまう。パスタと混ぜてあったりするともうアウトだ。大好きなトムヤムクンの中に入っているレモングラスの存在感と少し似ている。私はあれがレモングラスだと知らなかったとき、なんでトムヤムクンの中に竹の切れ端が入っているんだろう、邪魔だなぁと思ったものだ（君たちキウイ、パパイヤ、マンゴーだね♪　台北のマンゴーかき氷は絶品！　関係ないけど）。

パパイヤの千切りサラダに話を戻そう。残してしまうのはもったいなくて罪悪感でいっぱいになる。ましてや海外旅行に行っておいて食べ物を残すのは、せちがらい話だが庶民感情としてはたまらなく残念である。

ずっと以前に上海《シャンハイ》に行ったとき、事前にリサーチしてあったから知ってはいたのだが、１人では絶対食べきれないほどの量が出る。チャーハンなどは5～6人分はゆうにある。空心菜《くうしんさい》の炒め物は毎回出たが、絶対に食べきれない。中国では完食されては客に失礼に当たる、もしくは、完食したら量が少ないと言っているのと同じことで、作った人に失礼に当たる…という風習があったのである。その感覚と日本人のＤＮＡに組み込まれた残してはもったいないという感覚の狭間《はざま》で、どれくらい残したら許されるかを常に探し求めていたように思う（だから、海外旅行に行ったらどうしても3キロくらい太ってしまうのだ。言い訳）。今の中国は違う。特に都市部は、日本とほとんど変わらない量が供されるようになったので安心。

ところで、中華料理のお皿やお箸には、区別がない。日本のようにお父さんのもの、お母さんのものというのが決まっていない（西洋料理のナイフ、フォーク、スプーンもしかり）。それは、革命以後の平等意識の表れか、厳しかった革命前の身分差別への抵抗か（いや、昔の中国の歴史ドラマを見ても同じような気がする）、知っている人は教えてほしい。寧ろ、日本のように個人の食器が決まっているほうが少ないのか（韓国ではお箸は決まっていなかったように思う）。それは儒教の影響なのか。考えてみるテーマとしておもしろいかもしれない（ちなみに韓国のお箸は金属製のため、私には重すぎて食べるのに疲れる）。蛇足だが、京都を訪れる外国人が、お土産として家族のお箸を買っていくことが多いらしい。日本のその文化が海外に輸出され、個人の食器を持つという風習が広まるかもしれない。

ついでに、割り箸に関して一言。割り箸の多用は森林伐採を推し進め環境破壊に繋がるという人がいるが、それは違うと私は思う。家や家具を作るために木を伐採したとき、どうしても端の部分が残ってしまう。それを捨てずに割り箸として加工して有意義に使っているのだ。それも、日本のもったいない感覚から来ていると思う。マイ箸を使うのも結構だが、衛生面を考えて、使い捨ての割り箸を使うことも大いに意味のあることだと私は思う（マグカップなどは個人のものが決まっている場合が多いが、これはお箸やお茶碗と同様に、毎日なじみのある自分のものを使うという習慣からだろうか…）。

12. ベトナム戦争の遺跡「クチ・トンネル」とアメリカ人

20年間、続いたベトナム戦争。勝利したのは世界の大国アメリカ合衆国ではなく、当時は今よりももっと貧しいアジアの小国ベトナムのほうだった。中学生のとき、それを知って不思議に思ったのを明確に覚えている。

なぜ、ベトナムは勝つことができたのか。コーディネーターや現地のナビゲーターは、その理由を戦争遺跡をもとにわかりやすく説明してくれたので、なるほどと思うところが多くあった。クチの地下に蟻の巣のように張り巡らされたトンネルや、小柄な体格を遺憾なく発揮した罠や小型の武器。しかし、それよりも、「他国への侵略」ではなく「自分の国を守るための戦い」「南北に分断された自国の統一を目指す戦い」であるという点が、まず根底の主義主張において勝っていたのであろうと私は思う。幸運にも無事帰還できたアメリカ兵が、平和な母国に戻ってから精神的に壊れ、ＰＴＳＤに悩まされる、その理由にも符合するところがあると思えてならない。

私のコーディネーターは、あえてアメリカに関することは一切述べていなかった。ひたすら自国が勝利したことのみに焦点を当ててナビしていたように思う。ベトナム戦争に関して負の意味するところ、例えば枯葉作戦の被害（二重胎児ベトちゃんとドクちゃんの切り離し手術は日本赤十字社が支援し、日本から医師4人がベトナムに派遣されて行われ、当時テレビニュースでも大いに取り上げられた）のこととか、今でも残っているらしい地雷のこととか、いっぱい質問したかったのだが、時間がなく実行できずじまいだった。暑さで喉の渇きを我慢しかねていた私たちに、トロピカルフルーツと冷たいジュースが用意されているということで、他のツアー客も同行していたため、私たちは先を急がねばならなかったからだ。

その涼しいテントに向かう途中、どうも不可解な場面に出くわしたのである。それは、英語を話す男性の集団（たぶんアメリカ人だと思う）が射撃をするコーナーがあったのである。50メートルほど先に、人間の形の的のボードが3体立っており、数名の男性が楽しそうに笑いながら銃で撃っていた。ベトナムの戦争遺跡でである。これはありうる光景？　ベトナム人のコーディネーターは無言でその場を通り過ぎ、それについては何もコメントがなかった。言いたいことの半分も言えない性格（?）の私は、そのことも聞き逃し、今日に至っている。

戦争はそれ自体が悪であり、敵も味方もないのかもしれない。しかし、「戦争」について学ぶことなしに「平和」は語れない。世界の戦争遺跡を訪問するたびに、平和ボケ（?）しているであろう私も含めて、日本人は歴史をもっときちんと学ぶべきだと思う。8月15日を知っていても12月8日を知らない日本人になってはいけないし、ましてや8月6日も9日も知らないなんて、許されないことだと思う。被害を受けたことは知っていても、加害者になったことは知らないというありがちなことも、グローバルな社会では全く通用しない。20世紀は戦争の時代だった。世界が寧ろその時代よりも危険な核兵器を持っている21世紀を本当に平和な時代にするために、私たちは学ばなければならない。

私は広島の「広島平和記念資料館」に4回訪れたことがある。原爆ドームを実際に見て、その迫力と歴史の重さになんとも言えない圧を感じたのを覚えている。その広島に、多くの外国人が、特にアメリカ人が訪れて学んでいるのを見た。年配の夫婦で、あるいは子供連れで。わざわざ太平洋を越えて日本まで来て、ありとあらゆる観光地がある中で、あえて広島を選び、大切な数時間を広島平和記念資料館で学ぶ時間に当てようとする、そのアメリカ人の気持ちに感動すら覚えるのである。その人たちに思わず微笑んでしまう、変な日本人の1人が私である。

13. あっちでもこっちでも結婚写真の前撮り

寒風吹きすさぶ釜山《プサン》の海岸でも、ベトナム、ホーチミンの混雑した郵便局でも、台湾の九份の急な石段でも、青島《チンタオ》やマカオでも、マレーシアのプラナカンの豪邸でも、観光地には結婚式の前撮りのカップルがいっぱい！

なぜにここで？という場所でも、カップルにとっては記念の場所にしたいらしい。真冬の海岸でベアトップのウエディングドレスではさぞ寒かろうと思うのだが、そこはアツアツの2人、愛があれば寒さなんて何のその。見ているこっちは寒いけれど、心の中はなんとなくあったかくなるものだ。幸せな人を見るとこっちまで幸せな気持ちになって嬉しい！それにしても、花嫁さんが美人だとなぜか花婿さんは「？」というのが多く、また逆もあり。美男美女というのはついぞ見たことがない。なぜ？余計なお世話だった。

それにしても、民族衣装を着たカップルを見たことがない。100%ウエディングドレスである。観光地ではウエディングドレスで撮り、披露宴では民族衣装を着るのかもしれない（かく言う私もウエディングドレスしか着たことはないが）。ゆえに、次のような公式が成り立つ。

白かグレーのスーツの新郎＋白いウエディングドレスの新婦
×
ラブラブのポーズ
＝
結婚写真の前撮り

見ているこちらが恥ずかしくなるようなポーズの写真を、カメラマンとアシスタント3人ぐらいで撮っている。どこに飾るんだろうあの写真。照れるわぁ…。

いつだったか、前撮りではないが、京都の下鴨神社で紋付袴の新郎と白無垢に綿帽子の花嫁を偶然見たことがある。その純日本的なあまりの美しさに、拍手を送りたいくらいの気持ちになったのである。自分は経験はないが、純日本的な婚礼衣装もやっぱりいいもんだと痛感！

ただし、花嫁さんはほっそりして肩の辺りが華奢《きやしや》で首が細く長くないと、バランスがいまいちかな。ずっと昔に見た中尾彬の結婚式のときの池波志乃の白無垢の花嫁姿は美しかったなぁ（誰か知っている人いる？）。

14. スリランカで「アーユルベーダ」

スリランカでやってみたいこと、それはやっぱり「アーユルベーダで体質改善」である。
しかし、私は消極的だった。怪しいところへ連れて行かれて、法外な金額を請求されるのではないかと思っていたわけではない。こういうことをした後、メイクが取れまくり、長い時間かけて整えたヘアスタイルもぐちゃぐちゃになり、その状態でホテルに帰らねばならないことが嫌だったのである。

マッサージとかに行くと、いつもそうだったからだ（わかる人はわかると思う）。まぁまぁそれなりに気合を入れて身支度をしても、全てパーになってしまうのだ。しかし、夫はまさかそんなことで躊躇しているとは思いもよらないだろう。コーディネーターも、当然アーユルベーダやりますよね的な対応をする（思ったよりリーズナブルでもあったので、しかたなくOKしたのだった（斡旋《あっせん》したコーディネーターもいくばくかのマージンが貰えるのだろう）。

さて、連れて行かれたのは意外にも森の中の小屋という感じのところ。スパのロッカーのような箱の中に貴重品と靴を入れ、そこの店長らしき女性のカウンセリング（のようなもの）をまず受けさせられる。何を言われたか今ではすっかり忘れてしまったが、当たり障《さわ》りのないことだったような気もする。その体質に合ったメニューを組んだという前提で、次に別の小屋に連れて行かれる。夫婦で一部屋なのでちょっと安心。薄暗くアロマのいい香りがしている。簡素なパジャマのようなものに着替えて待っていると、年配のふくよかな優しい感じの女性がやって来た。彼女は私の担当。夫の担当はどんな人だったか全く覚えていない。

いよいよ始まる。まずはこれ。出た！ 待ってました！ おでこにオイルを垂らすやつ。シロダーラだ。それもテレビで見たより勢いがいい。ドボドボと落ちてくる。更に長時間だ。いったん終わると、また2杯目（流れ落ちたやつかもしれないが）。頭の中にあった悪いもの（悪い考えも含む）が流れ落ちて、たちまちすっきりしてくる。BGMがあるわけではないので、自分の頭の中へ中へと意識が入り込む。何か深く考えられたと思うのだが、何を考えたかは例のごとく全く覚えていない。

次にアロマ入りのオイルを体中に垂らし、優しくマッサージされる。ツルツルして気持ちがいい。胸もマッサージしていいかと聞かれた（ような気がする）。当然OKだ（このサイズでは当然本物だろう。シリコンならNGだから一応聞いたのかな?）。マッサージではなく、オイルを浸み込ませるという感じの手の動きだ。実に気持ちがいい。今度はクラクラしてきた。

ぼぉ～っとした体のまま、次の部屋に連れて行かれる。薬草が敷かれていて、スノコのような床の下からも薬草が燃やされて立ち上ってくる煙で燻《いぶ》される。その煙が全く煙たくなく、目に沁みたりしない。寧ろ、喉の奥深く吸い込むと口内炎が治りそうな気もするくらいだ。おまけにお尻が温かくて、体の中まで浄化されるようだ。韓国の汗蒸幕にもお尻の穴から体を温める施術があったような気がする。

その後、シャワーを浴びてシャンプーもし、思っていた通り風呂上りの様相で服を着て、スリランカティーで喉を潤す。

体の底から表面までぐだぐだになって、ホテルに帰還。しばらく使いものにならず。髪の毛も含め、体中がしっとりした実感はあり！ 蛇足だが、アーユルベーダで使っていたオイルをスーパーで買おうと思ったが、売っていない。スリランカでもアーユルベーダは特別なものなのだ。

15. 真夏の中国、上海の気温と空気

真夏の上海に行った。北京よりも先に。

コーディネーターの若い女性は「北京より先に来てくださって」と喜んでおられたように思う。上海の浦東《プートン》国際空港に降り立ち、空港の外に出た瞬間感じたこと、それは空気が苦い、暑

すぎる…だった。まず、ん？　と思うくらい息がしにくい。空気に匂いがある。臭いのとは違って喉に苦いのだ。

当時の上海は高度経済成長の真っ只中。窓から見える風景は確かに大都会のそれだが、全てが工事現場と言ってもいいほど、あっちでもこっちでも工事をしているのだ。ビルの屋上は軒並み工事中。ビルの谷間もやはり工事中。重機の金属音がのべつまくなし、どこかでしているという具合である。上海はハードそのものが変革中だった。騒音も空気の苦さも、それからの上海の発展を思えば、必要悪、我慢するに値する許容範囲と言えなくもないと、そのときは中国人でもないのに妙に納得したのであった。

しかし、耐えきれないほど辛かったこと、それは上海の暑さである。ビル群の中だけではない。「周荘《しゅうしょう》」という昔の街並みを残した観光地の水郷の辺りであっても、耐えきれないほどの暑さだ。コーディネーターが言うには、摂氏40度を超えているだろうということだった。高熱を出した病人がほっぺたにぴったりくっついている状態である。水を飲んでも飲んでも、次から次へと汗で流れてしまう。日傘は差しているが、それを貫通する太陽の光で真っ赤に日焼けしてしまう。またまたコーディネーターが言っていた。上海では39度を超えると学校も職場もお休みになる。政府はお休みにしたくないので、どんなに暑くても40度を超えていても39度としか言わない…と。なるほどねぇ。

今でこそ熱中症に敏感になったが、当時はそのワードがまだ一般的ではなかった頃なので、「脱水にならないように」とは言われても、「熱中症に気を付けよう」とは言われなかった。懐かしい時代である。その暑さの中でも、屋台では鶏の丸焼きや甘い胡麻団子や、絶対に危ないだろう羊羹《ようかん》のようなお菓子を普通に売っていた。大丈夫か…。

そのとき初めて、中国人は冷たい飲み物を飲まないことを知った。売店には外国人向けに冷蔵庫で冷えたミネラルウォーターも売っていたが、コーディネーターを含め、中国人は冷たい水もビールも飲まないようだ。だから、レストランで冷えたビールが出てきたら夫と顔を見合わせて喜んだものだ。美味しそうに冷たいビールを飲む私たちを、現地の人は不思議そうに見ていた。漢方では冷えは禁物。身体を冷やす飲み物なんて、たとえ気温40度でも飲まない。所変われば…である。

また、中国のペットボトルのお茶は甘い。微糖と書いてなくても甘い。甘いお茶の飲み物しかない。はじめは慣れなかったが、そのうちに少しの甘さが身体に染み渡るようになるのだ。それは、20代の頃、初めてポカリスエットを飲んだときの感じに似ている。しばらくすると、違和感を覚えていたその味が身体の細胞一つ一つに潤いを与えてくれるように感じるあれだ。もっと昔のことを言うと、はじめは松ヤニの匂いがするように思われていたコーラの味が、癖になる爽やかさを与えてくれるのとも通じるところがある。きっとどちらも、身体にはいいのかもしれない。ただ私は、夏はキンキンに冷えたビールがいい。お茶には必ず氷をガバガバ入れる。身体に悪くてもそれがいい。

16．中国、水郷地帯「周荘」と小説の中の「烏鎮《うちん》」

中国、上海の郊外「周荘」の美しい水郷の紹介は既にしたが、その地の記憶を再び呼び起こすことになったのは、その1年後のことだった。小池真理子著の『虹の彼方』の小説によく似た場所が出てくるのである。

ここで私の読書法を少し述べておきたいと思う。私は作家で小説を読むのである。気に入った作家に出会うと、その作家の作品を次から次へと読み続ける。だから書店に行って本を探すのに手間はかからない。だいたいの書店はアイウエオ順に作家の本が並んでいるからだ。また、本の間に挟まっている「新刊紹介」も熟読する。それには次に読みたい本のヒントが詰まっているからである。私の作家読みの順番は、宮部みゆき→阿刀田高→貴志祐介→高樹のぶ子→渡辺淳一→小池真理子→篠田節子→白石一文→原田マハ（途中でときどき瀬戸内寂聴、またまたときどき黒川伊保子）といった感じ。

『虹の彼方』の話に戻ろう。ダブル不倫と言ってしまっては身も蓋もないが、40代の切ない2人の心模様には胸を締め付けられるような思いをしたものだ。どうにも離れられなくなってしまった2人は上海へ出奔《しゅっぽん》する。そのとき、足を延ばして小旅行に行った場所、それが「烏鎮」だったのだ。

彼らは、その古い水郷の村で現地の老夫婦を見る。観光地でありながらそこには普通に生活している人々がおり、観光の小舟が通り過ぎる横で洗濯をしている。主人公はその老夫婦を見ながら、「今度生まれ変わったら、あなたとこんな場所で川で洗濯しながら平和に歳を取っていきたい」とつぶやくのだ。決して叶えられることのない夢と言うにはあまりに切ないその場面。「周荘」の風景は、「烏鎮」のそれと瓜二つ。思わず小説を読み返したほどだ。

夫と水路のそばを歩いていたら、現地の老婦人が、まさしく洗濯をしていた。近くには物干しがあり、生活色満載の洗濯物が干してあり、そこには平和で変化のない日常のまごうことなき『虹の彼方』の中の世界があった。

小説の中で主人公の女性は「烏鎮」で体調を崩し（たぶん冷房で身体が冷えて下痢）、しかたなく普段なら見向きもしないだろうレベルの食堂に入ることを余儀なくされる。女性はトイレに行き、使ったことのないような川の上に板を渡しただけの粗末なトイレで用を足す。関係の深い男女であっても、できれば避けて通りたいようなシチュエーションだ。ましてや付き合い始めのカップルなら、それが原因で別れることになるかもしれない（女性のほうが恥ずかしくて遠慮するから）。しかし、上海にまで出奔した2人だからそういうことはなかった。男性は中華ちまきを注文し、それを食べながら女性が出てくるのを待つ。女性に気を遣わせないためだろう。その後、ホテルに戻ってバスに湯を張り、女性を温めて看病するのだ。

周荘

上海に出奔した話なのだから、もっと他に思い出すエピソードはありそうなものだが（南京路で雨の中、キスする場面とか）、なぜか私はこの「烏鎮」でのエピソードを最も印象的に思い出したのである。

水郷地帯と言えば、後年もっと有名な「蘇州《そしゅう》」にも出かけた。そこで思い出したもの、それは『ミッション：インポッシブルⅢ』だった。上海ロケが多く、それを見ているだけで楽しかったが、ラストに近い場面でトム・クルーズが疾走し、婚約者によって蘇生し、ラストに傷だらけで肩を抱き合って歩いた場所、それが中国の水郷地帯だった。中国の水郷地帯は、やっぱり画《え》になるのだ。

17.「冬ソナ」と真冬のソウル

「冬のソナタ」をご存じだろうか。20年以上前に一世を風靡した韓国の純愛（?）ドラマである。ペ・ヨンジュンとチェ・ジウの、毎回泣いてしまうテレビドラマであり、空前の韓流ブームの引き金となったドラマである。それは、もはや社会現象であった。ファンになったおばさまたちが大挙して韓国の撮影地巡り（冬ソナ巡礼という）をして、韓国旅行が大流行！そこから東方神起やKARAや少女時代が輸入（?）され始めたのである。現在はまた韓国と日本の関係は微妙だが（戦後最悪との見方もあるらしい）、戦後最も親密になったその要因と言っても過言ではないだろう。

二度目のソウルは真冬だった。仁川《インチョン》国際空港着陸のアナウンスでは、現地の気温は氷点下9度、思わず周囲からＷｏｗ！の声が上がったほどだ。冬のソウルは寒い！寒すぎる！ダウンジャケットでなく革のコートを着てきた私たちは、仁寺洞《インサドン》を歩きながら震える羽目になった。

仁寺洞はしゃれた街だったが、なにぶんにも寒すぎた。仁寺洞の店主たちは降りしきる粉雪を箒《ほうき》で掃いてちり取りで道端に寄せていた。寒すぎて雪が固くパラパラと締まっていて、箒で掃けるのだ！　レストランで食べた熱々の豆腐チゲの美味しかったこと！

そこで、夫が言うのだ。「いいところに連れて行ってあげる。たぶん気に入る」と。寒さのために歩き回るのに嫌気が差していた私は、それでも1人で行動できるわけもなく「なんやねん。また私には価値があまりわからない古い街並みとかぁ…？」と思いながら、どんどん上り坂がきつくなる不思議な住宅街を、夫の後について歩いていくしかなかった。

その上り坂の頂上に来た辺りでパッと視界が開け、私は気付いた。ここは、あの「冬ソナ」の舞台になった高校、ペ・ヨンジュンがまだ黒髪で、チェ・ジウがロングヘアーに白いカチューシャをしていた、あの時代の高校、焼却炉の辺りで2人が初めて互いを意識する有名なシーンのあの高校じゃないか。現在は施錠されていると思うが、そのときはなぜか門扉も閉まっていなくて、中庭まで入って写真を撮ることができた。季節はまさしく冬。白い雪、白い息、白いマフラーをヨン様巻きにして私ははしゃいで走り回ったのだった（おばさんなので本当はちょっとスキップしてみただけ）。毎回夢中になって見ていたのは、ソウル旅行の数年前。よく覚えてた優しい夫に感謝！

高校の前には、「冬ソナ」関係のグッズを売っている土産物屋があり、当然のごとく店のおばさんは日本語ペラペラ。「冬ソナ」の登場人物のシールを貼ったペンセットを買い、しばらく「冬ソナ」談義をした。近くにユジンの家もあるらしい。それにしてもメロドラマの粋を集めたドラマだったと今でも思う。幼なじみ、転校、行方不明、再会、記憶喪失、三角関係、兄と妹であるという運命と誤解、病気、別れ、それぞれの人生…メロドラマの要素が全て入っていると言っても過言ではない。韓国歴史ドラマの映画村巡りもいいが、私は「冬ソナ」のロケ地巡礼をお薦めする。

18. インドネシアは日本人慣れしすぎ? けれど、コーディネーターはピカ1

インドネシアのバリ島は日本人だらけ。どこに行っても日本の観光地にいるような気持ちにさせられる(もっとも日本人の行くところが限られているからだろうが)。あまりに日本人が多すぎて外国に来たという感覚になれないぐらいだ。特にバリ舞踊とケチャの公演は会場の半分以上が日本人で占められていた。日本人はバリが大好きなのだ。

バリ舞踊には昔から興味があった。あの腰の入った姿勢、手の動き、そして何よりあの目の動き。かなりの体力を要する舞踊だと思う。ガムランの響きも、日本にはない旋律と音色だと思う。興味がありすぎてかなりリサーチしてから出かけたので、正直感動するような踊り手にはなかなか出会えなかった。公演を3回見たが、これがバリ舞踊だ！という感動までは届かず、とうとう最終日を迎えるに至ったのである。

とあるレストランで食事中にそれは始まった。レストランのステージでそれほどの期待もなく見ていたバリ舞踊。その1人の踊り手が素晴らしかった！やっとやっと理想のダンスに出会ったのだ！手の動き、目の動き、腰の動き、全てが私の想像通りだった。想像通りとは上から目線だが、頭の中で何度も何度も憧れて像を結んでいたそのままの、私にとって最高のバリ舞踊の姿だったのである。私は食事をするのも忘れ、とうに席も立ってしまい、彼女の前に座って思いきりバリ舞踊を堪能し「ブラボー！」と歓声を上げていたのだった。そんな声を上げるのは私1人で（他の人はどんな目をしてるんだ！）、彼女はステージを去っていくとき、私にだけお辞儀をして微笑んでくれた。幸せ！

バリ

ケチャは国語の教科書に載っていた。そのため教材CDで聴いたことがあった。これも前知識がありすぎて、頭の中に想像が膨らみすぎていた。リサーチしすぎも良し悪しだ。いったい、日に何回公演するんだろうとか、音楽がない舞踊でリードはどうやって取るのか、休みは週に何日あるんだろうとか、バイトのシフトはきついのだろうかとか、そんなことばかり考えて気が散ってしまったのは私だけだろうか。バリ舞踊の演目の中にギャグっぽいものが入っていたが、あれはウケを狙っているのだろうかなどと考え、観客のレベルを低く見ているように思えて興が削《そ》がれてしまったこともあった。だからこそ、最終日の素晴らしいバリ舞踊は忘れられない記憶となったのである。

バリの魔女ランダ

もう1つ、バリのコーディネーターは実にインテリゲンチャだった。かなり深い知識のある学者肌の彼は、バリのどこを見てほしいのかが非常にはっきりと伝わってくるガイドをしてくれた。それ以降も大勢の様々なコーディネーターと知り合ったが、最高にアカデミックなガイドをする人だったと思う。決して押しつけがましくなく、旅行者がどんなことを聞きたがっているのか、何に興味を持っているのかを第一に考えてガイド内容を組み立てているように思ったのである。一方通行ではなく、相手を思いやるその姿勢に深く感銘を受けたのだった。バリでは必ず案内される芸術家の街ウブドで、気に入った絵が見つからなかった私たちのために（絵は素晴らしいが思った以上に高価だった）、わざわざ自分で絵を描いてプレゼントしてくれた。バリの魔女ランダとテガラランの棚田、熱帯の自然を水彩絵の具で描いたその絵は、今でもリビングに飾ってあり、私たちの目を楽しませてくれる。優しさ溢れるその筆のタッチに、彼の自分の故郷バリへの限りない愛を感じるのだ。コーディネーターは、その国、その土地への愛情が溢れて、こちらまで幸せな気持ちにさせてくれる人が多い（それって好きなことを仕事にしているという点でも素晴らしいと思う）が、彼はその中でもピカ1だった。後日、そのコーディネーターが絵をくださったのは、娘がバリの寺院のイラストを描いてプレゼントしたお返しだったということを知った。娘のバリの印象はすこぶるいいものらしい。

19. マレーシアの蛍は金属の音がする

マレーシアは、クアラルンプール近郊の川へ蛍鑑賞ツアーに参加した。

夕方から車で出発、2～3時間でもう真っ暗。蛍鑑賞の村らしく街灯やネオンや無駄な照明は何もない。あるのは全長1・5メートルはあろうかと思われる巨大な蛍のオブジェ。子供がそれを見て泣いていた。必要かなぁ、この気持ちの悪いオブジェ。私には蛍ではなくバッタかカマキリに見えたけど。

ライフベストを着用していざ小舟へ。私にとっては超苦手な、落ちるとしか思えない小舟がそこにあった。自然と身体が固まるが、やんぬるかな…。マレーシアの蛍を見たい。蛍を見て日本の蛍と比べたい。…その好奇心には勝てず、また幸運にも暗くて水面や水の中が見えないので、USJやディズニーランドのアトラクションと同じ。我が身を励ましつつ、蛍を見ようと目をしばたたかせたのであった。思えばこの時から水難の相は始まっていたのだ。私は高所恐怖症なだけでなく、船も苦手だったのだ。それがまさか数年後に現実のものになろうとは、このときはまだかすかな片鱗を覗かせたに過ぎなかったのである（何をぎょうさんな）。

しばらく水面を滑るように進み、暗闇に目が慣れてくると、いた！　蛍の光があちらこちらに…。と思っているが早いか、まもなく1匹、2匹どころか、何千何万という蛍の瞬きに囲まれることになったのである。クリスマスツリーにも喩《たと》えられることがあるらしい蛍の群生は、私の今までの常識を覆《くつがえ》すものであった。ツリーどころじゃない、まるで田舎の星空だ。まずその面積の広さ、どこまでもどこまでも水辺の木々が宝石の絨毯《じゅうたん》のように輝いている。また、その一つ一つの光りが大きくて強烈！　あのオブジェの蛍ならば、さもありなん。嵐のライブの客席で振るサイリウムより強い光のペンライトのようだ。更に更に、音がすごい！　たぶん私の想像力のなせる業で気のせいだとは思うが、ビーン！　と音がするのだ。時間差で、距離の違いで異なった電子音のビーンが、のべつまくなし聞こえてくるようなのだ。なんというマレーシアの蛍の迫力！　度肝を抜かれるとはこのことか。

しかしながら私は、だからいいと言っているわけではない。日本の川べりで見たあっちでポワッ、こっちでポワッ…捕まえたと思ったらまた消える、あのはかなさと奥ゆかしさ、そっちのほうが私は素敵だなと密かに思ってしまった。なぜなら蛍を見に行くシチュエーションとしては、子供連れかカップルか。カップルなら、男のほうが蛍を捕まえて女に見せようとする。たちまち指の間をするりと抜けて…、後は2人で見つめ合う…想像力がずば抜けている（？）私にとっては日本の蛍の圧勝！　コーディネーターは、そんなことを考えてニヤニヤしている私を見て、どう思ったことだろう。

ある人は蛍を手の中に入れると、豆ご飯の匂いがすると教えてくれた（ある本には肛門の匂いとも書いてあった。肛門の匂いを嗅いだことはないけれど）。

蛍と言えば思い出すのはやはり『火垂るの墓』。夏休みに何度もテレビ放映されていたが、そのたびに「なんで蛍みんな死んでしまうん？」の節ちゃんの台詞のところでいつも泣きそうになる。この作品は額縁構成になっていて、はじめに地下道で行き倒れになりかけた清太の姿が描かれ、ラストにまたその場面に戻っていく。清太はそのまま死んだのか、敗戦の焼け野原の中でたった1人で何年か生きることができたのか（私の記憶違いかもしれないが）。作者の野坂昭如は未完だと言っていた。悲しくて苦しくて最後まで書ききれなかったのだと。そのイメージだと、やっぱり蛍ははかない瞬《また》きがいい。

「蛍雪の功」という故事成語がある。夏は蛍を集めてその灯りで学問し、冬は月明かりが雪に照り返される光で学問して成功を収めるという、苦学の大切さを説いたものだが、蛍を灯りにというのがどうしても解《げ》せなかった。しかし、マレーシアの蛍なら充分灯りになるかもしれない。まさしく蛍光灯だ。

20. 中国、北京は大雨の後

私が北京に降り立った頃、普段なら中国の空は黄砂とPM2・5で黄色く曇っているのが常だったらしい。ところがその日は真っ青な空、空気もどことなく澄んでいて、上海で感じたような息苦しさはなかった。コーディネーターによると、数日前まで大雨で、川の増水の被害が出るほどだったそうだ。被害を受けた方々には申し訳ないが、絶好の観光日和となったのである。私のイメージでは北京は中国の中でも北で少し内陸に入り込んでいて、真夏でも上海よりは涼しいんじゃないかと思っていた。しかし、北京もやはり暑いことに変わりはなかった。が、滅多に見られない（らしい）天安門広場と青空のコラボは一見の価値があったようだ。

中国は広い。とにかく広い。様々な歴史的な大事件が起こった場所、大勢の人々の血が染み込んだ天安門広場の土の上を、もっと心して歩くべきだと思ったが、その広さに圧倒されて逆に、住宅開発したらこの広場に何軒くらいの家が建つだろうかなどと妄想してしまう。故宮もやはり広い。散歩をしても1周するのに何時間かかるかな。小山があり池があり、様々な建物があり、宮廷にいた貴族たちは外の社会に出なくても充分退屈しなかったのではないだろうか。

私は中国の歴史ドラマの十年来のファンである。

中国には故宮（紫禁城）がもう1つある。撮影用の映画村だ。本物そっくりにその巨大さをそのままに、映画撮影用に作ってしまったという。皇帝の即位式に何千人もの官僚や兵士たちが「万歳万歳万万歳」とひれ伏すお決まりの場面は、ＣＧではなく当時のままにそこで撮影されるということだ。影視城というらしいが、北京の近くにたくさんあるようだ。次に北京に行くときは、もうツアーは頼まずに、影視城巡りをやってみたい。もしも撮影中ならば、俳優さんたちにも会えるかもしれない。

ちなみに私が夢中になった中国歴史ドラマは、「武則天」「麗王別姫」「独孤伽羅」「ミーユエ」「琅琊榜《ろうやぼう》〈弐《に》〉」「開封府」「秀麗伝」など。中でも「武則天」は、そのストーリー、衣装、時代考証、俳優全てにおいてゴージャスさで群を抜いている（ファン・ビンビンは美しすぎる！ 彼女は青島出身。さもありなん）。

21 中国、広州の繁華街「北京路」の地下に宋・明時代の遺跡

「食は広州にあり」の「広州」。どこでも飲茶《ヤムチャ》をすることができるが、飲茶にルールがあることを初めて知った。飲茶は基本的に茶を楽しむもの。私は中華の小さなメニューをあれこれ楽しむものだと思っていた。喫茶店は飲み物だけではなくて食べるメニューも同じようにあるので、それと同じだと思っていたのである。

飲茶の店は早朝から開いている。リタイヤした市民は早朝からお昼過ぎまで長時間楽しんでいる人も多いそうだ。人口の多い中国だからか、女性の定年は55歳。まだまだ元気だから、早朝から太極拳もするし、飲茶も楽しむだろう。席に着くとまずお茶を選ぶ。何杯でも飲めるからといって、2人で1つのお茶を注文するのはＮＧである。ティーバッグで出てくるので、飲

みきれなかったら持ち帰ればよい。お茶が来たら（または同時に）印を付ける料理のメニューが来る。食べたいものを選んで印を付け、ウェイトレスさんに渡すと注文終了。出来たものから熱々を運んでくれる。もちろん追加も可である。とにかく何を食べても美味しい。私は海鮮か皮蛋《ピータン》の粥、肉焼売《しゅうまい》、海老のプリプリ蝦餃、ライスクレープで包んだ腸粉、胡麻餅…う〜む、思い出しても涎が。どれもこれも美味！

広州（北京路）

広州一番の繁華街北京路の屋台には、蠍《さそり》の串焼き、蜘蛛の唐揚げなんかも売っている。私はそれぞれの民族の食習慣に異を唱えるつもりはないが、「Monsters Inside Me」のヘビーウォッチャーなので遠慮させてもらった。

北京路の真ん中ほどに、なにやらガラス張りのケースのようなものが見える。近づくとそのガラスのケースは地下を見るように出来ていて、「千年古楼遺址」の文字が。夫は知っていたようで、

「こんな繁華街の地下に遺跡なんて！」と驚く私を尻目にどんどん地下に降りていく。なんとそこには体育館ほどの広さの遺跡が眠っていたのである。建物の柱の基礎の跡や水路の跡など、なかなかのスケールの遺跡で、思わぬ拾いものをしたような気になった。地上は現代の北京路、地下は大昔の北京路、その対比が興味深い。

私たちが見学しているとき、現地ではあまり知られていないのか、他の見物人は10代と思しき若いカップル1組だけだった。地上の街歩きやショッピングではなく、なぜ遺跡見学なのか。歴史に興味のある若者なのかと不思議に思ったのだった。それにしても楽しそうだなぁと微笑ましく思いながら、地上への階段を上り始めた。そのときに気付いたのだった。若いカップルが人気の少ない薄暗い場所を好むのは当たり前。私たちはオジャマ虫だったということだ。

22. 中国、桂林《けいりん》の鍾乳洞「盧笛岩《ろてきがん》」

桂林には鍾乳洞があると聞いて、夫と2人でタクシーで出かけた。

私の知っている海外はタクシー代が日本よりずっと安い。今回も30分200円という申し訳ないほどの安さで案内してもらった。おまけにチケットの買い方までアドバイスしてもらい、多謝《ドウチェ》！ 鍾乳洞の入り口まで、子供だましの列車で5分ほど行くのだが（徒歩なら30分の山登りなので）、その運賃が千円（チケットとは別料金）！ おかしくないか？ タクシーの運転手さんに怒られるで！ っていうか申し訳ないくらい。

桂林（蘆笛岩）

中は、さすがに中国南部カルスト、絶対にあるよね鍾乳洞。大きい、広い、日本の秋芳洞よりかなり巨大！ しかし、驚いたのは鍾乳洞そのものよりも、その表し方、アピールのしかたである。国民性の違いだろうが、とにかく派手！ 7色のライトで照らしまくり、宇宙的（？）な音楽がBGMで流れ、観光客は賑やか。こういう状況には慣れているので、やっぱりねと暗黙の目配せを夫としながら歩いていた。中国人の観光客が日本の秋芳洞の観光に来て、「地味すぎる、なんでもっと色や音でアピールしないのか」と言ったということを何かのテレビ番組で見たが、今回よく理解できた。美についての感覚が中国と日本で異なる点があって当たり前なので、さもありなんという感じである。

ところが、あっと驚く場面に出くわし、「そういうことか！」とストンと胸に落ちることがあった。その落ちたものというのは「だから、ウユニ塩湖に行きたがるのか」ということである。以前からウユニ塩湖のことはよく知っていた。そこを訪れるテレビ番組を何度も見たし、鳥取県のどこかの海岸が「日本のウユニ塩湖」と名乗っているということまで、旧知のごとくである。それとこの鍾乳洞がどう関係するのか。それは一番奥の最も広いスペースにあった。

そこには浅い（たぶん）池が3つほどあり、鍾乳洞の奇岩と高い天井がきれいに映っていたのである。鍾乳洞の中であるから、もちろん風はない。鏡のように波一つ立たない水面に、7色のライトアップで美しく色付けされた鍾乳洞がそのまま映る。するとどうなるか。天井の高さはそのまま深さとなる。岩のくぼみはそのまま深淵となって、足下から深くどこまでもえぐれているように見えるのだ。吸い込まれるような思いとは、まさしくこのことである。じっと見ていると何十メートルも切り込まれた深い淵に落ちていきそうな気になる。足下がグラグラし、高所恐怖症の私には「もう落ちるしかない」誘惑に駆られるのである。

空が映る湖とは、きっとこういう感じなのだ。湖に映った空は、高ければ高いほど深い深い海の底のように見えるだろう。空に浮かぶ白い雲は、足下に浮かぶ真っ白なソフトクリーム。

それはすごい風景のはずだ。ウユニ塩湖の魅力とは、まさにその錯覚の世界にあるのではないか。ましてや私が見た鍾乳洞の何百倍何千倍もの広さの無限のスペースである。想像するだけで気が遠くなる。ウユニ塩湖ではきっと、雲の上を歩くという、誰もが一度は考えたことがある憧れの世界を疑似体験できるのだ。おまけにそのソフトクリームには所々裂け目があり、足下が急に宙に浮くのだ。次の足を置く場所が一瞬にして消え、背筋がゾクッとして（お尻の穴がこそばゆい）…。あぁ、その感じわかるわかる！　と、行ったこともないのにウユニ塩湖の魅力の一端（？）を感じたような気がしたのである。実際に行かれた方、勝手に突っ込んでくれたまえ。

23. 中国、桂林「龍勝棚田《りゅうしょうたなだ》」と「八角寨《はっかくさい》」

海外旅行中、天候にはまぁまぁ恵まれていた。

仕事の都合で、真夏か真冬にしか旅行に出ることはできなかったが、雨季を避けていたため傘を差した記憶もほとんどない。だから今回の霧には本当に驚いた。桂林の郊外、雨が降っているわけではなかったが、山に登るにつれて霧が濃くなってくる。訪れた場所は「龍勝棚田」

八角寨

という景勝地である。残念ながら目の前に広がるはずの一面の緑の棚田は濃い霧の中。細い路地を登っても登っても、かすかにしか見ることができなかった。残念な気持ちで、一応巨大パネルをバックに写真を撮ったが（嫌味でしかない）、もう二度と見られないだろう風景に後ろ髪を引かれる思いであった。

ところが1時間後、その思いを払拭《ふっしょく》するほどの別の素晴らしい風景に出会うことになったのである。それは世界遺産丹霞《たんか》地形の一部「八角寨《はっかくさい》」である。もともとは観光コースになかったのだが、夫がリクエストしたらしい。もしもそこの風景がなかったら、今回の旅行は大きくテンションの下がったものになったかもしれないのである。再び夫に感謝！

同時刻にこの地の入り口に立ったのは、私たちともう1組の若いカップルの2組のみ。コーディネーター曰《いわ》く、入り口の雰囲気はここ数年でリニューアルされて環境が良くなったらしい。普通に設備の整ったトイレがあり、駐車場が整備され、下げ下げだったテンションも少しずつ盛り上がり始めた。いよいよ山登りにさしかかると、何と素晴らしく整備された木造の小道か…と思われるような光景が目の前に現れたのである。広くて歩きやすく、何より木目が美しい遊歩道が、屹立《きつりつ》する岩山にへばりつくようにどこまでも続いているのである。

前にも述べたが、私は極度の高所恐怖症。岩山に沿った登山道なんて、苦手分野のベスト（?）3に入るぐらいだ。第1位は、高いところから下を見る（もちろんバンジージャンプなどは私の範疇《はんちゅう》外である）。第2位は、下の見える高い吊り橋を歩く（奈良の谷瀬の吊り橋、徳島の祖谷《いや》のかずら橋、双方ともに一度渡ったがもう二度と行かない）。そして、第3位が、崖にへばりついた階段を登る…である。スリランカのシーギリヤに上る道も短時間だったが怖かったことに間違いはない。オーストラリア、シドニーの「ブリッジクライムシドニー」なんて絶対しない！　大阪の「エッジ・ザ・ハルカス」だって絶対ムリ！　それに比べて、この八角寨の遊歩道は本当に歩きやすくて快適なのだ！

そうこうしているうちに、勾配《こうばい》が急になり始めた。それまで手摺《す》りなんてなかったのに、木の杭や鎖の持ち手が付き始めた。でもまだ余裕。「それにしてもオーストラリアのウルルが登山禁止でよかった。ヘリコプターで上空から見たが、あんなツルツルの岩、絶対落ちるって。

落ちる気しかしない。聖なるウルに登るなんて邪道やわ」などと心の中でつぶやきつつ、次第に階段の一歩が急になる様子に嫌な予感が…。

尾根の位置まで登るとパッと視界が開け、見たこともないような光景が目前に広がった。土の中から巨大な筍《たけのこ》がニョキニョキ顔を出しているというか、巨大な海豚《いるか》が海面から何頭も呼吸のために顔を出しているというか、とにかく不思議な形をした巨岩が幾重《いくえ》にも目の前から遙か彼方まで続いているのだ。Ｗｏｗ！である。更に行く手を見ると、この勾配、このありえない勾配、万里の長城を見たときに感じたあの感覚が既視感《デジャブ》である。足下《もと》だけがかろうじて道で、両側が深く切り立っている。岩山だから落ちたら麓《ふもと》まで転がっていきそうだ。いや、固い岩盤に身体を打ち付けて即死、そのまま身体は跳ねて谷底へ。例の想像が止まらない。景色を見る余裕もなくなり足がガクガク。あか～ん！と叫びそうなときに天の助け、小さな東屋《あずまや》（休憩所）にたどり着いたのだった。なんてグッドタイミング！ここを作った人は本当に人の気持ちのわかるいい人だと感動しながら、しばしの休憩時間を取ることができた。

しかしながら私は気付いていた。これからの道のりが私には踏破不可能だということを。もう既に頭の中に像を結んでいたのである。例の、身の程もわきまえずスキーの４人乗り高速リフトに乗って上級コースに着いてしまい、降りるしかないときの絶望的な思いを。ただし、私はその頂上に降り立ったわけではなかった。自分の力を冷静に判断してやめることのできる場所に、まだいたのだ。よかった。手遅れではなかった。私はリタイヤすることを決意し、その東屋に留《とど》まったのだった（かっこつけてるが、ようはおじけづいたということ）。

するとと、私の横をすり抜けて、さっきの若いカップルが躊躇なく登っていくではないか。女の子はスカートにサンダル履き。東屋で休むこともなく登り始めた彼らに、私は心の中で拍手を送ったのだった。

いやぁ、若いっていいねぇ。私のいるところから見えたその後のルートは、まずほとんど垂直の登りを鎖を頼りに10メートルほど。その後はまた急峻な階段を何段も。更に巨岩の頂上を繋ぐ細い吊り橋のようなものを渡り、次の巨岩の先端の展望台へ。いったいどうやって造ったんだ！　どんな工事をしたんだ！　…と思わざるをえない。コーディネーターと夫はどんどん登っていくが、先のカップルよりゆっくりに見える。さすがにおじさん2人だからね。

さて、2人が頂上の展望台まで行って私のいる東屋まで帰ってくるのに30分はかかるだろう。どうやって時間をつぶそうかと考え、自分なりに東屋を出てもう少し進み、絶景をスマホに残すことにした。二度と見られない世界遺産の絶景である。しかし、高所恐怖症の私は、高いところでスマホを操作するのが当然のごとく得意ではない。スマホを落とす気しかしないのである。命の次に大事な情報が詰まったスマホを落としてはならじと、思えば思うほど手が震えて、落としそうになってしまう。スマホに気を取られないようにしようとすると、我が身のバランスを失い、深い岩の谷底へ真っ逆さまに落ちていきそうになる。そのハリネズミのジレンマ的状況で、自分をだましだましやっと何枚か写真を撮った。

「これぐらいで許してやろう」と本気で声を出してつぶやき、もと来た場所を振り返ったそのとき、私はやっと気付いたのだ。夫達が向かった展望台には続きがあることを。巨岩をぐるりと周り、遙か向こう側からこちらに向かって伸びる、更に険しい猿の通り道のような天空の階段が、別ルートで地上に向かって進んでいるのを。何度も言うが、いったいどうやって作ったんだ。世界遺産になるとこんなものを作るお金まで下りてくるのか。ありえない偉大さである。巨岩はもちろんすごいが、それを凌駕《りょうが》する人間の力のすごさよ。

茫然と立ち尽くしていた私のところに、２人のおじさんが戻って来た。別ルートには行かず（私が待っていたからではなく、きっと怖かったからだ）、それなりに充実した面持《おも》ちである。コーディネーターは「こんなにおもしろいならもっと宣伝しよう」と言っていた。もともとの計画にはなかった場所だから、うちの夫に感謝してほしいくらいだ。

下山しながら振り返ると、くだんの若いカップルが、別ルートのあの恐ろしく険しい猿の道を進んでいるのが見えた。若いって本当に怖いものなし！

24. タイ、チャオプラヤー川のホテイアオイの群生

タイでの初めてのディナーはチャオプラヤー川の畔《ほとり》のレストランだった。

その窓から見えるチャオプラヤー川の黄昏《たそがれ》の風景を嬉々《きき》として動画に撮ったものだ。河の流れの速さが、浮かんでいるホテイアオイの群生の動きでわかる。次から次へと群れを成した藻が、ものすごい速さで通り過ぎていく。藻の浮きになった茎が擦れ合うキュウとかギュウとかいう何とも言えない音をさせながら、遊覧船の周りをものすごい迫力で流れていく。ずっと見ていても飽きない光景だ。レストランの2階から見ているのに、チャオプラヤー川は盛り上がるように溢れるように流れていく。

この場面、何かの映画で見たことがある…と思い出した。確か日本・フランス・タイ・ラオス合作の映画『バンコクナイツ』だったか。私がいるレストランから俯瞰で撮影したのではないかと思えるほど、構図がよく似ている。画面左から出てきた妙に落ち着いた美人のスリに、主人公があっという間にシートに置いた鞄を盗まれるのだ。映画は、その後の彼女の人生とタイの普通の人々の生活を舐《な》めるようなアングルで辿《たど》っていく。

タイ、バンコクに行くと決めたとき、やはり思い浮かんだのが辻仁成作の『サヨナライツ

カ』である。主人公たちの愛を育んだ場所が、マンダリン・オリエンタル・ホテル・バンコクのサマセット・モーム・スウィートである。後年、映画化されたとき、主人公を演じた中山美穂は辻仁成のかつての妻だが、『サヨナライツカ』の大ファンだったミポリンのほうから、「映画化するなら是非ヒロインに私を」とオファーすることで知り合ったらしい。映画化は実現したが2人は別れてしまった。

実は私にとっても何度も読み返す愛読書の1つである。いつかタイに行ったら、オリエンタル・ホテル・バンコクに行ってみたい、泊まらなくてもいい（高いから）、ロビーの喫茶コーナーでお茶を飲むだけでも…と真剣に考えていたほどだ。実現はしなかったが、あの小説に描かれていたバンコクの空気感、時代は異なるが街の雑踏の様々な音を体感することができた。

それにしても切ない小説だった。チャオプラヤー川という言葉を目にするだけで胸がキューンとなる。随分前に読んで、ずっと忘れていたのに。けれど『サヨナライツカ』というタイトルと、そのもとになった詩は好きではない（偉そうに）。主人公の女性がかわいそうすぎる。悪いのは主人公の男性だが、この人物がまたなぜか嫌いになれない。主人公に同化して読み進めると、その運命のいたずらに身もよじれんばかりの甘い苦痛を感じてしまう。それもタイの風景あってこそだ。

別れを決意した2人がチャオプラヤー川を小舟で小さな旅に出る。もう二度とない2人の旅だ。どんなに贅沢しても満たされない、次は決してない２人の最後の旅である。あぁ、思い出しただけで泣けてきそう。

25. オーストラリア、グレートバリアリーフで泳ぐ

ケアンズでグリーン島に遊覧船で向かう。

泳ぐ気満々なので、私は既に水着着用。15年以上前に買ったモノトーンのお腹が目立たないドレス風の水着なので、余裕で普通の街歩きにも着られるやつだ。我ながらセンスがいい。一応上にショートパンツをはき、素足にビーサン。ツバ広の帽子とパラソルにサングラスの日焼け対策もバッチリ！ 海外旅行ならではの○○歳でもＯＫの出で立ちである。

随分前にベトナムに行ったとき、ホテルの屋上にプールがあるのに水着を持ってなくて残念な思いをしたので、その後の南に向かう旅行では水着セットを夫婦ともにパッケージしてあり、すぐにバゲージできるようになっている。水着を家中探し回ったことが、今では懐かしいくらいだ。バリでは深さ１６０センチのホテルリサタのプールで泳ぎまくった（深すぎて泳ぎ続けるしかない）。

さて準備万端。まずはグレートバリアリーフ・クルーズへ。海の底が見えるグラスボートに乗ったのは、オーストラリア人のカップルと家族連れ、中国人の家族、そして日本人の熟年夫婦。様々な言葉が行き交う中で出発！ すぐに巨大海鼠の集団に出会い、船中は静かに興奮の渦（皆さん上品な方々ばかりだった）。鮮やかな色彩と形状の珊瑚の数々、きれいな色のニモの仲間の魚たちの集団の乱舞、巨大なナポレオンフィッシュの出現、またまた巨大なシャコ貝のうっすら開いた口、イソギンチャクの林…田舎の海育ちの私でさえ目を見張る光景だった。水族館大好き人間の私だが、やはり自然の海の底は大迫力だった。

申し込めばシーウォーカーやダイビングもできるのだが、化粧が落ちたり髪が濡れたり、着替えが面倒くさかったりするので、今回はパス（このあたりが若くはないということか）。シーウォーカーはハワイで体験した娘が、海の底は潮の流れがきつくて、常にゴーッと音がしててしっかり踏ん張っていないと流されそうになる感じだと言っていたし、スキューバダイビングなんてコンタクトレンズが外れるし（水中眼鏡をしていても）、きっと呼吸困難になるし、まず免許がないし、シュノーケリングは絶対に水を飲んでしまうし、とにかく私は水難の相があるので無理（なにゆえにこんなに言い訳をするのか意味不明）。つまり、グレートバリアリーフにまで行って海のアクティビティーを何もせずに帰るなんてもったいなさすぎる。だから、どうしても泳ぎたかったのだ。

固辞する夫に荷物番をさせておいて、いそいそと砂浜を波打ち際まで進んだ。あれっ？　世界遺産の観光地なのに、海の水はそれほどきれいじゃない。砂も真っ白じゃない。変な海藻がワサワサあって泳ぎにくい。想像とあまりに違う海の状況にびっくりだ。確かに、リーフは素晴らしい。だが、砂浜はその範疇ではないのだ。そのことに気付いたが、悔しいので1人で少し泳いだり、波打ち際で蟹と戯れたり、それなりに童心に返ってはしゃぐことができた。

ところが、着替えが大変だった。かなりの人数が泳いでいたにもかかわらず、更衣室が小さい。もっとびっくりしたのが、シャワーが10くらいしかないこと。ありえへん！　待てど暮らせど順番が来ない。やむをえず、外のシャワーで海水を洗い流し、着替えだけを更衣室の少し広い場所でやってしまおうと考えた。しかし、その外のシャワーは2本しかない。またまたありえへん。にもかかわらず、皆さんきちんと並んで順番を待った。韓国人の家族が1本を独占して次から次へと子供を洗うのも黙認し、たらたら時間をかける中国人の女の子にも文句を言わず、私と他の西洋人たちはただ静かに自分の番を待ち、そのときが来たらものすごい速さで水浴びをして、砂と海水を流したのである。40代ぐらいの白人の女性が、急いで済ます私にニッコリ微笑んでくれたのが嬉しかった。肌の色や言語が異なっても、シンパシーを感じたことを目と目で表現し合うことができるのは海外旅行の醍醐味である。

なんとか着替えを済ませ、またまた日本では絶対に着ない夏服を着て、待ちくたびれていた夫とランチバイキングに出かけたのであった。ランチの場所は体育館ほどの広さの食堂で、洋食、中華からイタリアン、無国籍料理まで様々な料理が並んでいた。味噌スープもあったような気がする。「食べる」という人間の本能に関わるところであり、また非日常の旅行中ということもあいまって、やはりわがままが出るのだろうか。おまけにバ、イ、キ、ン、グである。それからの人間ウォッチングがおもしろかったのは言うまでもない。

自分たちは年齢的にもバイキングでは損してばかりである。こういう機会でもなければ、決してバイキングや食べ放題には手を出さない。同年代の紳士・御婦人の方々にはわかっていただけると思う。まぁ、すごい人もいる。食べきれるはずのない量をよそう。極端に何度もよそいに行く。そして、ほとんどの量を残す。ゴミを平気で散らかす。グループで来ても食器を重ねることもしない。更に、山のようにフルーツを積み上げテーブルがその汁でビチャビチャになっても、備え付けの布巾で拭くこともせず、お店の人が大変な思いをしている。人間って、国籍にかかわらず（ただし少し傾向はあるが）、いろいろだなぁと思う。できれば周りの人たちにも配慮して、自分たち本人も楽しく美味しく食事はしたいものだ。特に旅先では…。

人間ウォッチングを終えて、グリーン島から戻り、海岸通りを散歩した。実に整備された通りで、雰囲気のある木造の遊歩道がどこまでも続き、途中にはとても清潔なバーベキュースペースやフィールドアスレチック、ベンチもたくさんあり、夕暮れの海を見ながらゆったりした時間を過ごすことができた。日本から遠く離れた南半球のこの地で、こんなに静かで平和な時間を持てることの幸せを噛みしめながら…。

26. オーストラリアはウルルに行かねば意味がない

オーストラリアでは、まずトランスファーしてウルルに向かった。

世界遺産ウルル（エアーズロック）に行くためだったが、行く前はそれに反対だった。旅行費用がウルルに行くと2倍ほどになるからだ。しかし、頑として夫は「行く」と言い張った。ウルルにどれほどの価値があるのか、疑心暗鬼なままオーストラリアの真ん中まで飛んだのであった。

そこは、広大なステップの中の小さなコロニーという感じの街だった。周回バスで1周約30分ほどのスペースに、大小のホテル、博物館、ショッピングセンター、レストランなどが計画的に配置された、ウルル観光のために造られた街。方向音痴の私でも、何とか把握が可能なレベルの洗練された街である。

ウルル

それにしても寒い！　リサーチしたはずだったが、準備不足だった。ケアンズは摂氏27度、ウルルは10度もなかったのである。夫は半袖、私は夏物のワンピース、耐えられるはずもない。コーディネーターはそのあたりのことは日常茶飯事なようで、冬物を売っているショッピングセンターを紹介してもらい上着を買う羽目になったのであった（日本の夏にウルルに行く人はダウンジャケットが必要）。確かに日本の夏はオーストラリアでは冬、かつ大陸のど真ん中の内陸部であることを考えると、ちょっとミスったなぁ…と反省。オーストラリアでは世界地図が日本とは真反対だったが（センターは同じ）、気候にまでは考えが及ばなかった。

ウルル観光は本当に素晴らしかった。まず、広大な平野の中にあの巨大な岩が屹立していること自体がすごい。自然遺産的な意味で。更に地中にはその何十倍もの巨大な岩が潜んでいることを思うと、気が遠くなって倒れそうになる。見えている氷山が実は十分の一で、海中にはその9倍の氷が存在していることを知ったときのショックと似ている。また、その巨岩が先住民アボリジニにとっては信仰の対象であったという文化遺産的な意味も合わせて、複合遺産である。ガイドの言葉には先住民アボリジニへの敬意が含まれており、ドラマチックでツアーを終えた後は清々しい気持ちになった。

2日目にウルル登山が計画されていたが、先住民の位の高い人が亡くなったとかで急遽《きゅうきょ》中止になった。もともとウルルは昔から信仰の対象となる神のような存在であるため、数年後には登山禁止になる予定だと言われていた（2019年10月末に正式に禁止になった）。前にも述べた通り私は高所恐怖症なので、密かに中止を喜び心の中でほくそ笑んでいたが、夫は残念無念という感じだった。登山入り口だけは見に行ったが、私には登れる気が全くしなかった。ボルダリングじゃあるまいし、あんな急な岩、登れるわけがない。途中から鎖が付いていて登りやすそうだが、その鎖の位置まで行ける気がしない。ガイドによると鎖の位置まで行けない人はリタイヤする（リタイヤするしかない）らしい。後ほどヘリコプターでウルルの上を飛んだが、それぐらいの高さになると怖くなくなるのは不思議。しかし、あのツルツルの岩山で落ちずに歩ける気がしない。

蛇足だが、ウルルのショッピングセンターでミネラルウォーターと間違えて買った炭酸水が大好きになり、日本に帰ってからも箱買いしている（今も）。日本で炭酸水のCMを見るようになったのはそれ以降だったので、私たちは流行の最先端だったかも。

ウルルからケアンズに戻った私たちは、世界遺産キュランダへのツアーに参加した。キュランダまでのレトロな列車の中で、女子大生らしい美女４名に囲まれて、夫はご満悦だっただろうが、私は窓からスマホを突き出して写真を撮る彼女らが、危なっかしくてドキドキし通しだった。もしもスマホを落としてしまったら…とか、若い彼女らは考えないのだろうか。人ごとながら落ち着かない。ガイドが言っていた。デジカメを窓から落とした男性が取ろうとして列車から飛び降り、列車を止めて大変な事件になったということがあったらしい。デジカメをフカヒレスープに落としてお釈迦にしたことのある私は、全く人ごととは思えない気持ちで聞いていた。

キュランダはこじんまりした観光地で、ちょっと足を延ばすにはぴったりの場所だが、おもしろかったのはコアラガーデンのワニである。コアラは文句なくかわいらしく、かなり近寄って写真を撮ることができた。別料金のコアラ抱っこはしなかったが、充分満足。ところで、おもしろかったワニのエピソードとは何かというと、13匹の奥さんを食ってしまって男やもめになってしまった自業自得の馬鹿な巨大ワニのことである。そのワニはやたらに大きい。８メートルぐらいはあるだろうか。何せ、繁殖のために与えた奥さんワニを13匹も食べてしまったというDV（究極の）ワニだから、大きいのも当然。それにしても奥さんを食っていることに13回も気が付かない飼育員は何をしているんだか。それ以降、奥さんを与えてもらえず、孤独で寂しい老後を過ごしているらしいが、同情する気も起こらない因果応報ワニであった。

もう1つは、キュランダの幸せの青い蝶「ユリシス」の存在である。和名を「オオルリアゲハ」という通り、金属的な青い色に輝く羽の蝶であるが、ガイドは「1日に3回見たら絶対幸せになるという伝説がある」と言っていた。私たちのグループには、2回は見たという人がいた。私は1回見たような気がするが、2回目は自信がない。3回見たと騒いでいる人もいたが、まぁ良かったね…って感じ。ただしこの伝説はどうやら和製（?）らしい。日本人は「3」が好きだからね。

幸せの蝶より素晴らしかったのが、帰りに乗ったロープウェイから見た世界遺産、熱帯雨林の熱量である。こんなにどこまでも続く熱帯雨林を、この高さから俯瞰で眺めたことはそれまであるはずもない。100メートルはあろうかと思われる大木の先端を下に見ることができるのである。木々の間から時折覗ける川のほとりにワニが日向ぼっこをしているのが見えることもあるらしい（私は川が見えるたびにじっと目を凝らしたが発見できなかった）。広大な熱帯雨林を梢側から見下ろすロープウェイは値打ちがある！　あの濃い緑。白目が緑に染まりそうだった。熱帯雨林の光合成のおかげで、私たちは酸素を得ることができるのだ。

若い男性のガイドと仲良くしていたくだんの美人女子大生4人組は、ケアンズに戻って免税店に着いたとたん、ガイドとの別れの挨拶もそこそこに、各々が目指すブランドの買い物へそそくさと走っていった。彼女らのグループ旅行が楽しく続きますようにと、おばさんは祈るのみであった…。

27. 中国、蘇州の「古典庭園」と巨大スーパー

巨大中国は4千年の歴史と近代化が両立している。

東洋のベニスと呼ばれる、水郷古鎮「蘇州」を訪れた。拙政園がやはり秀逸であったが、次から次と古典庭園を見たのに飽きることはなかった。それぞれに異なるテーマがあり、工夫があり、「なるほど、そうきたか」と思わず手を打って感心するような素晴らしさがそれぞれの庭に存在していた。さすがに世界文化遺産である。あまりに広いので、途中トイレに3回も行ったほどだ。足と頭が疲れて休憩でお茶をたくさん飲んだから。

コーディネーターは、当然蘇州LOVEの人だから、「上海の豫園《よえん》なんかどこがいいのかわ

からない」とまで言っていた。「蘇州の庭園こそが世界遺産に値するのであって、上海の金持ちが趣味であれもこれもと集めたのとは根本的に違う。計算され尽くした美意識の集大成なのだ」というのが持論らしい。言っていることはよく理解できる。豫園にも行ったので、世界観の違いも納得できる。しかし、やはり日本的感覚から言うと、美意識の相違が拭い去れないのである。

計算され尽くした庭園という感覚は日本の庭も同じである。石も、木も、屋根の形も、必然の賜《たまもの》である。偶然良くなった…などという悠長なことは、素晴らしい庭園造りにはありえないことである。ただ、よく言われるように日本が「静」ならば、中国は「動」。日本が「内に秘める美」ならば、中国は「表で主張する美」のように相反する美の表現のしかたがあるように思う。例えば、日本の甍のカーブは限りなく滑らかに直線に近い曲線を描き、あえて曲線に見えないようにかすかに先端が上を向くのを耐え忍んでいるかのようだが、中国の甍のカーブは先のほうで小気味良く音を立てて上に跳ね上がる。庭に置かれる石も、日本では、角の取れたまろやかな状態で静かに置かれ、それを見る人が自分の内なる精神に響くよう各自が各自の感覚で理解する。中国では、表面に変化のある奇抜な形の石が、何かを想像させる形状で置かれ、見る者を圧倒する迫力で迫ってくる。

やはりどこか異なっているが、どちらも素晴らしい。美を追究しようとする意気込みや、時代を反映しつつ新しい文化を創り出そうとするクリエイティブで斬新《ざんしん》な感覚は共通していると思う。美しいものを創るということは、その時代に安住していてはできない。常に新しいものを発見し、チャレンジしていく姿勢が必要であろう。伝統美を守るということは、新しい美を創り出すことと同義語であると私は思う。

蘇州ではそれまでと異なったホテルに泊まってみたかったので、〇〇酒店《しゅてん》と呼ばれる都市型大型ホテルではなく、〇〇客桟《きゃくさん》と称する小さな民宿風のホテルに泊まった。平屋の庭に面する一室は狭かったが、快適だった。何より運河に面した遊歩道に近く、夜遅くまで街歩きを楽しむことができた。そこで買った竹筒のような形の水筒に、夫は中国茶を入れて職場に持って行っていた。茶葉を入れて、職場で熱湯を注ぎ、入れ立ての鉄観音を味わっていたわけである。現在、夫は日本の抹茶に凝っており、去年の私からのバースデープレゼントは抹茶を点《た》てる茶《ちゃ》筅《せん》と茶碗のセットだった…。

古典庭園の素晴らしい蘇州は、別の意味では中国有数の工業都市でもある。帰りの空港へ向かう道すがら立ち寄った巨大スーパーマーケットで、私は度肝を抜かれた。お土産のお菓子を買って向かったレジ、それが１００台横に並んでいたのである。コストコでも１００台はないだろう（確かにコストコばりのカートを突いているが）。終わりが見えないほど遙か彼方まで続くレジに、それでも長蛇の列が出来、すごい速さでレジが進んでいくのだ。その購買力と処理能力は、ただ中国の人口が多いからという理由だけではないだろう。

そんなすごい巨大スーパーで何を買ったのか。お土産にと中国にしかない胡椒味のオレオをもの珍しさにいっぱい買ったが、結局食べきれなかったのであった…。

28. 海外旅行ではチャラけた服を

海外旅行は非日常。その非日常こそが海外旅行の最大の魅力であり価値でもあると、私は思っている。

仕事をしていたり、日本で社会生活を送っていると、様々な制約が身の周りにあるのが当然で、それがあるからこそ平和も保てるのだが、どうしても小さなストレスが溜まってくるのは否めない。逆にそれがない人は「どうかしてるぜ!」だ。もちろん「旅の恥はかき捨て」的なわがまま放題を良しとするわけではない。自分のストレスと上手に付き合っていくことは、現代社会で健全に生きるテクニックの1つとも言える。また、ストレスを乗り越えることで、筋トレのような過回復も期待できるのだ。つまり、ストレスをかけることで、それを解決しようと努力する能力を呼び起こし、もしくは新しく獲得することによって、自己を更に向上させていくという、我慢強い日本人にぴったり（？）の自己啓発法とも言える。

まぁ平たく言えば、私にとっては最良のストレス解消法が海外旅行だということだ（夫にとっては趣味であり人生の重要な部分を占めている生き甲斐の1つなので、私とは少しレベルが異なっているかもしれない）。

さて、ストレス解消のためなら、普段と同じではつまらない。ツアーで出会ったり、空港や旅行先で出会う同年代の女性を見ると、服装や雰囲気がきっちりしすぎて、いつもと変わらないじゃない？（失礼にもほどがある）…と思ってしまう人も多い。もちろんおしゃれはしている。しかし、「日常」なのだ。別に他の人にあれこれ言うつもりはないが、私は違う。寧ろ別の意味で気合いを入れているとも言えるかもしれない。

特に、常夏の国に出かけるときは、本当にチャラけている。絶対に日本では着ない服しか着て行かないし、持って行かない。ほとんど現地の人と同じような肌を露出する服を、ここぞとばかり着まくるのだ。行きの飛行機（ＪＡＬ）の中でＣＡさんに外国人と間違われたことがあり、やったぜ！と思ったことがある。よっぽどチャラけていたに違いない。あぁ、なんて楽しい！なんて非日常！ストレス雲散霧消！例えば、タンクトップ、スリップドレス、フリルいっぱいや、派手な色彩のブラウス、ジーンズ、そしてショートパンツ（短パン）など。一応私は年齢不詳であるが、実はかなりいっている。どれも日本では人前で絶対に着ない。基本的に日常私は全身モノトーンである。クローゼットには黒い服ばかりが並んでいる（ただし色を抑えてある分、形は奇抜なものも少しはある。これも一種のかすかな抵抗か）。しかし、真っ黒の紫外線カットのサングラス、黒いレースの長手袋、白か紫の日焼け防止用マフラー、ツバ広の麦わら帽子など日焼け対策は欠かさない（しかたがない、歳だから）。

ところが、こういう感じのご婦人をあまり見たことがない。若い人の中にははっちゃけた装いの人もいる。そういう人を見ると「楽しんでおいで！」と心の中でエールを送りたくなる。きっとそのことで、帰ってきてからのエネルギーの質量が変わってくるはずだからだ。限られた大切な時間、「形」から入るというのも一興かと…。

冬に出かける場合、まず外歩きしても寒くないことが一番。貼るカイロや携帯カイロは絶対外せない（一度、中国の空港で背中に貼っていて手荷物検査のときに質問されたことがある）。あとヒートテックも。冬の旅行は、基本的に日本より寒いところには行かないようにしているので、ダウンベストとマフラーぐらいで済ましている。手袋も滅多にしない。ソウルや青島には革のジャケットで行ったが、現地の人はみんなダウンコートを着ていて、「どうしてそんなに薄着なんだ？」とよく言われた。「北欧の人は、現地の人がダウンコートを着ててもタンクトップに短パンで歩き回っているじゃないか」と心の中でうそぶいていたものだ。寒さも暑さも、人によって基準が違う。旅行者はできる限り荷物を少なくしたい。でも、快適に歩き回りたい。その狭間で、限られたバゲージの容量と折り合いをつけているのだ。きっと誰しもが。

あと靴。本当は歩いても疲れないスニーカーや運動靴がいいのだが、空港やショッピングセンターや街歩きではサンダルやブーツで歩きたい。そのためのスペースは惜しくないのである。夏だとビーサンやミュールを持って行くべし。あくまでもおばさんは実用的なものだけじゃダメ。かっこつけなくちゃ。だって海外旅行は非日常だもの。

最後に鞄。私はリュックは持たない。若い人ならいざ知らず、私がリュックを持つと一気におばさん化してしまうからだ。手に持つハンドバッグは手が空かないから何かと不便（湖に落ちたときとか）。そこでたすき掛けポーチということになる。これは非常に便利。手が空く、すぐ物を取り出せる、電車に乗っても他の人の迷惑にならない、おまけに貴重品は厳重に保管できる。そのため、去年のバースデープレゼントは2代目を夫に買ってもらった。まだ使う機会がないけれど、次に海外旅行に行くときまで大事に取ってあるのだ。これからのきっといい相棒になるはずである。楽しみ…。

29. 海外旅行は行くまでも楽しい！

女性にサプライズは厳禁である。

何かを秘密にしておいて、当日急に言って喜ばせてやろうというのは、全然間違い！ 感謝されるどころか、怒られるかもしれない。そんなことならもっときっちり準備してきたかったのに…とか、恨み言の一つも言われるのは当たり前である。女性はその楽しい出来事までの準備期間も、当日同様、いやもしかしたら当日よりも楽しく過ごせる動物なのである。そのチャンスを奪われてしまったのだから、怒られて当然。世の男性、これ大事だからね！

次の旅行を決めるのは、遅くても4ヶ月前。夫は、前の旅行の帰りの飛行機の中で、いやそれよりもっと前に決めているかもしれない。具体的に予約しに行くのは予約可能になった3ヶ月前（それより前は家族や職場とかのスケジュールが決まらないから無理）。60日前に予約したら割引もあるからだ。例えば、ヘリコプターで遊覧飛行がただになったり、マッサージがただになったり、部屋のランクが上がったりするのは大きい。

予約できたら、私の旅行はスタートする。まず、その国に関する本を2冊は手に入れてリサーチする。世界遺産などの行ってみたい場所、食べてみたい料理、両替レート、お土産リスト、簡単な現地語など、何度も読まないと私の場合は頭に入らない。当日も実は半分しか入っていない。頭に完全に入れようと思えばストレスになるということに気付いてから、半分で良しとするようになった（そうするとめちゃくちゃ気が楽になった）。自分で言うのも何だが、私は真面目で完璧主義者なのだ。

1ヶ月前になったら、バゲージリストを作成する。現在は、夏・冬バージョンが既にあるので取捨選択すればいいだけだから、リストもたちまち完成する。着ていく服、持って行く服のイラストだけをその都度リニューアルすればいい。これをやってしまうと半分以上準備は出来上がったことになる。あとは足りないものを買いに行くのだが、それがまたたまらなく楽しい。

このあたりから歯医者、皮膚科、内科など身体のメンテナンスをし始める。風邪も引かないように気を付け、インフルエンザの予防接種も欠かさない。海外旅行に行くようになってから、帰宅直後の丹念なうがい手洗いが習慣になり、喉スプレーは常備薬となった（このあたりは夫は全く無頓着）。万全のコンディションで行きたいための対策だが、仕事の面でも体調不良で休むということが全くなかった。1年に3回旅行した年は、年間を通して旅行準備期間という、ある意味恒常的ハイテンションだったと言えるかもしれない。

2週間前には、トランクをクローゼットからリビングに下ろしてきてバゲージを始める。付録1の「私のバゲージの中身」で述べたように、毎回持って行くものは既に現地のホテルでバスルームにポーチごと出せるようまとめてあるので、あとは補充するだけ。リビングにトランクが2つ並ぶと「いよいよだな」とウキウキしてくる。

1週間前、現金の準備、目的地の貨幣の準備（by夫）、天気予報リサーチ（台風などで飛行機が飛ばないなどということがないか注意する）、目的地の政治情勢、事件などをネット（外務省海外安全ホームページなど）で調べる。夫は予約の際に既に調べているが、近々《きんきん》の様子を把握する。留守中の家の安全に関して対策を取る。妹にメール（連絡はいつでも通じることを知らせ、その間親のことをお願いする）する…などを粛々と進める。

実は、このあたりで既に書いてある遺言を確認する。きちんとしたものではないが、何かあったときに家族が困らないように、財産分与の件、生命保険関係、仕事関係、貴重品の保管場所などを書いて家に置くようにしている。急にいなくなってしまうことを子供たちに謝罪する気持ち、旅行中何があっても夫婦一緒なら悔いはないこと、残す言葉は今までに言ってきたことが全てであること、あとは子供たちや家族への限りない愛をしたためたものである。

2日前、親に電話する。連絡が無いのは無事だということ、関空に着いたら電話するから心配いらないと一応話す。

帰って来てからバタバタするのが嫌なので、トランクの片付けや家事がスムーズに進むよう、家をきちんとしておく。例えば、シーツと枕カバーを洗濯し布団を干して、久々の我が家でゆっくり眠れるようにしておく。また、冷蔵庫をいっぱいには出来ないが、帰って来た日は疲れて外食したくないし、微妙な時間に着くことも多いので、すぐ食べられるレトルト食品などを準備しておく。更に、帰国後、すぐ次の日に仕事に行く場合がほとんどなので、万事ぬかりなく仕事の準備をしておく。夜間飛行で帰国する場合は、関空に朝7時頃に着き、家には9時に戻れると予想して、午後からの仕事を入れるのが通常。海外旅行は全く疲れが出ないので（私は特異体質）、十分可能である。

当日イミグレーションを通過したら、娘にメールする。現地に着いたらSNSで連絡する。それ以後も毎日、娘とは連絡を取り合う。

こんなことをやっていたら、本当に楽しい！　仕事にも生活にも張りが出て、期限が切られている分、時間を有効に使い、仕事もはかどるのだ。もちろん出発の前日の夜まで仕事をする。その仕事も随分前から計画的に進めるから、実に効率よく楽しく働ける。全てをやり終えて職場を後にするときの充実感はたまらない！　海外旅行は、行く前から始まっているのだ…。

30. 行ってみたいところがまだあった！

忘れてた！　行ってみたい国としてクロアチア・ウズベキスタン・スペインを挙げたが、20年来行きたい国を1つ忘れていた。もともとスリランカに行ったのは、ここへ行くためのリハーサルだったのに。本末転倒だった。

とにかく身体が元気なうちに、「インド」へ行きたいのだ。

家族は私が体調を壊して入院して帰って来られないんじゃないかと本気で言っている（それってドラマみたいじゃん）。あの千原せいじでさえ、絶対に入ろうとしなかった聖地ガンジス川（『深い河』という映画の中で、あの秋吉久美子は入っていた。男前！）。それより以前、アフリカのどこかでカバ肉で食あたりを起こした彼は、無茶なことをしなくなったと私は見ている。アフリカ行きまくりの彼でさえリスクを感じているのが、インドなのだ。だから体調が万全でなければ難しい。歳を取ってから行ける場所ではないのだ。いつもは1瓶の正露丸を2瓶持って出かけよう。

千原せいじと同様、私もガンジス川には入らないが、聖地バラナシは行ってみたい。沐浴と死体の火葬とゴミの廃棄（これは失礼かも）が同じ場所で行われているのを見てみたい。世界観が変わるかもしれない期待があるからだ。三島由紀夫や遠藤周作もこの地にインスピレーションを感じて作品を残している。そういうパワーがそこにはあるのだろう。家の片付けやゴミの分別に命をかけている（？）私の感覚が、180度覆されるかもしれない。そのショックを味わってみたい。些末《さまつ》なことは何でもなくなるかもしれないと思うと、ウキウキする。

世紀のシンメトリー、タージマハルも外せない。

タージマハルは皇帝シャー・ジャハーンの愛する妻の墓だ。本当は自分の墓も近くに対照的な黒い大理石で造りたかったらしいが、そのあまりの浪費に異を唱えた息子によって位を奪われ、自分の墓は造れなかったらしい。もしも白・黒両方あれば、また2倍素晴らしい世界遺産となったかもしれないが、とにかく写真で見るより絶対すごいとネットに書き込みが多くあるので、やはり自分も体験してみたいのだ。リサーチしすぎて行った気になっている世界遺産の、本当のすごさに茫然とするという体験を…。

もう一つはヨガ体験である。

本場で半日でも体験して、自分の心身が清められるか体験してみたいのだ。美人女優の中谷美紀が『インド旅行記』という本の中で何ヶ月にも渡るかなり本格的なヨガ体験を書いていて、それ以来興味を持っている。とにかく、心身にゴミが溜まりすぎた。ゴミを排出するルートもきっと滞っている（簡単に言えば代謝が悪いということか）。それらをすうっと体質改善したい。半日では無理だろうが、一つのきっかけ、ヒントにはなるであろう。

ちなみに、中谷美紀がなぜインドに向かったかというと、本人が前述の本の中で述べているのだが、ちょっと興味深い記述があった。彼女は『嫌われ松子の一生』という映画（私も見たが、かなりショッキングで不思議な映画だった。原作も読んだ。非常におもしろい、一見の価値、一読の価値あり）で、今までの女優としての感覚が一変するような体験をしたらしい。つまり、撮影がしんどくて心が折れたということか。そこで、傷心旅行というわけではないがリフレッシュのためにインドへ出かけたというのだ。スリランカのアーユルベーダとはまた異なった体験ができるのではないかと思うと、ワクワクする。夫に自由時間かオプションに入れてもらえるよう頼んでみよう。中谷美紀さん、ご結婚おめでとう。メッセージの直筆があまりに美しくて感動！ 美しい人は文字も美しいのだ！

まだある。ミーハーだが、スリランカではやれなかったサリーを着る体験もしたい。

サリー用の布を1メートル四方買ってきて、リフォーム後の我が家に飾る予定。更に、これもスリランカでは売っていなかったカレー用の食器を買う。インドならどこでも売っているだろう。1枚の大きな金属製の皿にいくつもくぼみがついているあれだ。カレーだけでなく洗いものが減って便利！ もちろん本場のカレー粉も必須。それらを手に入れるためには、どうしても街中に出かけなければならない。「高田純次のセカイぷらぷら」であちこち行っている彼でも、あの喧噪には驚いていた。デリーかニューデリーの交通規則も何のその、クラクション鳴りっぱなしの繁華な通りと、目に沁みる香辛料の香りのする路地を歩いてみたい。ヒロシが「迷宮グルメ異郷の駅前食堂」の番組でアルミのお弁当箱をいくつも買っていたではないか。きっと皿も安〜く売っているに違いない。

更に現在のインドはIT大国である。数学の世界ではインドの教育が脚光を浴びている。小学生が覚える九九が日本と異なり、99×99まで暗唱できるらしい。数学大嫌い人間の私には夢のような話だ。インド人の頭脳は世界一とも言われている。何かそれを体感できるような場所にも行ってみたい。最新鋭のベンチャー企業などを見学できないだろうか。何しろ、出生率低下、高齢化社会の日本と違って、13億の人口の中での若者の割合が大きい。今後必ずインドは発展していくということだ。昔のカーストを残す古いインドと新しいインドを、私はこの目で、この身体で、このまだ柔らかい頭で、実体験してみたいのだ…。

おわりに

海外旅行に行けるというのは、自分も家族も身内もみんなが健康で元気であるということ。そして、世界が平和で自由であるということだ。

なんて喜ばしい、なんて素敵なことだろう。日常に苦しいことがあっても、楽しみが待っていれば頑張れる。嫌なことがあっても、楽しみが待っていると思えば忘れられるのだ。精神衛生上計り知れない素晴らしい効能がある。私は普通のおばさんだから、金銭的に余裕があるわけではない。しかし、本当にやりたいことがあるから他の面で節約するし、またそれが苦にならない。不必要なものにお金を使うような無駄なこともしない。全ては旅立つその日に向けて、一点集中で生活できるのだ。そう思えば実に経済的で、そのための経費を惜しいとはこれっぽっちも思わない。

海外旅行は私にとって最良のストレス発散法である。おまけに今まで知らなかったことを知り、未知が既知になっていく素晴らしさを体感することができる。本や映像の2次元で像を結んでいたものが、3次元で実際にその場に立つことができるのだ。世界遺産でなくても古い街を歩けば、時空を超えたタイムトリップすら可能である。そうしているうちに心も身体もリフレッシュし、次のスタートのエネルギーを満タンにしてくれるのだから、そのための出費なんて「人生の必要経費」以外の何ものでもない。

還暦は過ぎたが、足腰がまだ動くうちに、頭がそれなりに冴えているうちに、飛行機に10時間でも座っていられるうちに、いざ行かん！　未知の世界へ！（完）

２０１９年10月12日

追伸。私の処女作を世に出してくださった大杉剛様、担当の藤森功一様はじめ風詠社の皆様に心から感謝申し上げます。ありがとうございました。

芹沢 マリリン（せりざわ まりりん）

1958年真夏、四国で生まれる。京都の公立中学校で38年と4ヶ月国語科の教師として勤務。2019年3月定年退職し、現在に至る。
第二作は、教職の経験を活かして『(若い) 先生たちへの応援BOOK ～釈迦に説法シリーズ～』を刊行。

Photo：my husband
Illustration：my daughter

おばさんの海外旅行『あるある!?』エピソード集
～ハプニングこそ醍醐味～

2020年4月30日　第1刷発行

著　者　芹沢マリリン
発行人　大杉　剛
発行所　株式会社 風詠社
〒553-0001 大阪市福島区海老江5-2-2
大拓ビル5 - 7階
TEL 06（6136）8657　https://fueisha.com/
発売元　株式会社 星雲社
（共同出版社・流通責任出版社）
〒112-0005 東京都文京区水道1-3-30
TEL 03（3868）3275
装幀　2 DAY
印刷・製本　シナノ印刷株式会社

ISBN978-4-434-27428-2 C0026